TRILOGIA REGISTROS DA UMBANDA·VOLUME 3
A UMBANDA E DE TODOS

Norberto Peixoto

A Umbanda é de todos

MANUAL DO CHEFE DE TERREIRO

LEGIÃO
PUBLICAÇÕES

2ª edição / Porto Alegre-RS / 2017

Capa e projeto gráfico: Marco Cena
Revisão: Bianca Diniz
Coordenação editorial: Maitê Cena
Produção editorial: Bruna Dali e Maiara Morbene
Assessoramento gráfico: André Luis Alt

Dados Internacionais de Catalogação na Publicação (CIP)

P379u   Peixoto, Norberto
         A umbanda é de todos. / Norberto Peixoto. – 2ª. ed. – Porto Alegre:
        BesouroBox, 2017.
            152 p. ; 16 x 23 cm

            ISBN: 978-85-5527-052-9

            1. Religião. 2. Umbanda. 3. Exu falangeiro. 4. Axé vegetal - fundamentos.
        5. Ritos propiciatórios. I. Título.
                                                                        CDU 299.6

Bibliotecária responsável Kátia Rosi Possobon CRB10/1782

Direitos de Publicação: © 2017 Edições BesouroBox Ltda.
Copyright © Norberto Peixoto, 2017.

Todos os direitos desta edição reservados a
Edições BesouroBox Ltda.
Rua Brito Peixoto, 224 - CEP: 91030-400
Passo D'Areia - Porto Alegre - RS
Fone: (51) 3337.5620
www.besourobox.com.br

Impresso no Brasil
Dezembro de 2017

Este livro contribui com o custeio da comissão de obras do Grupo de Umbanda Triângulo da Fraternidade, que tem reformas a serem feitas.

Sumário

Umbanda hoje 9

Caboclo Pery e o registro etnográfico da Umbanda
praticada no Grupo de Umbanda Triângulo da Fraternidade 11

Oração aos Orixás 15

Com a palavra, o autor 19

Quem pode e deve ser um chefe de terreiro umbandista? 23

O guia-chefe orientou o médium a fundar um
terreiro de Umbanda. E agora? O que, como e onde fazê-lo? 29

Consagração sacerdotal é indispensável
para ser um chefe de terreiro na Umbanda 33

Oferendas rituais são obrigatórias?
A gênese da reposição de axé 43

O destino pessoal e o culto a Ori na
Umbanda: a etiologia do núcleo intrínseco
do espírito – chispa divina, centelha ou mônada 53

Exu: princípio dinâmico da individuação
e da existência individualizada 65

O trabalho dos exus falangeiros: espíritos 71

O simbolismo da cruz e da encruzilhada:
ação dos quiumbas nos cruzamentos urbanos
e as descargas energéticas do terreiro 79

Coroa mediúnica, guias e falangeiros 87

A serventia dos elementos: catalisadores e condensadores
energéticos – utilizados como assentamentos vibratórios 107

Sem folha não há Orixá: fundamentos do axé vegetal 115

O chefe de terreiro e os ritos propiciatórios 123

Os guardiões neutralizadores das ações do baixo umbral 127

As terapias no mediunismo de Umbanda e as responsabilidades
do chefe de terreiro: causas de conflitos e ações de prevenção 135

Dogma e tabu da mediunidade inconsciente 139

Mediunidade ativa e iniciação
na corrente astral de Umbanda 147

Trilogia Registros da Umbanda

Existem no mundo os mais variados compêndios de ensinamentos esotéricos e roteiros educativos de outros movimentos espiritualistas, além do espiritismo, que ajudam os próprios médiuns a disciplinar a sua vontade, melhorar sua higiene mental e física, bem como o controle emotivo tão necessário ao êxito da prática terapêutica. Aqueles que souberam aproveitar alguns minutos disponíveis entre suas obrigações terrenas estudando hão de auferir conhecimentos que tanto lhes aperfeiçoarão as condições psíquicas como também os seus recursos físicos.

Ramatís

Umbanda hoje

Depois de mais de 100 anos do advento do Caboclo das Sete Encruzilhadas, nada mais natural que a Umbanda, num processo que parte de dentro para fora, cada vez mais se legitime com um corpo doutrinário próprio e um modo de ser que a concilie com as demais vertentes religiosas, porém sem deixar de identificar-se como Umbanda, com teologia, métodos litúrgicos e rituais que permitem variações de um terreiro para outro, todavia, totalmente independentes em relação aos de fora. A Umbanda se legitima por ser Umbanda. Simples assim. Ramatís já orientava neste sentido em 1960:

Não é desairoso nem censurável o fato de a Umbanda ser doutrina apegada aos fenômenos materiais, quando o seu principal metabolismo de vida se baseia justamente nas sobre as forças da Natureza! Sem o arsenal que lhe constitui o culto religioso, não seria Umbanda, mas apenas Espiritismo, cuja atividade é feita mais propriamente no plano mental.

E acrescenta:

A Confraria de Espíritos Ancestrais, que rege a evolução no planeta Terra, arquitetou a doutrina de Umbanda; universalista, fraternal, de amor incondicional, reunindo sob a mediunidade redentora grandioso número de egos que escoam pesados carmas amparados em suas frentes caritativas, nos diversos terreiros existentes na pátria verde e amarela. Foi sob o comando de Jesus que foi selado o compromisso espiritual superior com a Umbanda, assim tendo-se esquematizado o programa missionário dessa religião, indutor de reações mais adequadas para a libertação espiritual, eletivas a índole fraternal do povo brasileiro, irmanado pelo desprendimento pessoal e renúncia individual em prol do coletivo, sendo um caminho evolutivo para os espíritos adeptos da Divina Luz, conduta segura para a libertação do jugo ilusório da matéria animal. (Excertos da página 175 do livro *A missão do Espiritismo*, capítulo sobre a Umbanda, 7ª edição – Ed. do Conhecimento)

Caboclo Pery e o registro etnográfico da Umbanda praticada no Grupo de Umbanda Triângulo da Fraternidade

A entidade espiritual que se apresenta como Caboclo Pery é o guia-chefe do Grupo de Umbanda Triângulo da Fraternidade e o espírito "dono" da minha cabeça, ou seja, é o meu guia de frente. Sinto-o como um pai verdadeiro, ao qual tenho muito respeito. É inesquecível a seguinte cena clarividente: quando estava na escola de médiuns em um centro espírita pertencente à federação do Rio Grande do Sul, vi o Caboclo, que, com um pilão à frente, macerava inúmeras folhas, pegava a "papa" resultante com as duas mãos em cunha, colocava-a em minha cabeça e beijava-me a testa.

Foi esse Caboclo que me orientou a fundar a nossa comunida-de-terreiro. É ele que, no Astral, dirige todos os trabalhos e delibera sobre tudo o que é feito, pois é um espírito enfeixado na irradiação de Xangô. Por isso, temos um pilão na frente do nosso congá. Caboclo Pery faz parte de uma falange de trabalhadores da Umbanda que "moram" no Plano Astral, na colônia espiritual conhecida como Metrópole do Grande Coração, onde localiza-se a sede da Fraternidade da Cruz e do Triângulo. Nessa imensa urbanização extrafísica universalista, Caboclo Pery coordena uma série de atividades, entre elas a de instrutor, um mestre professor que ensina, literalmente, dando aulas a uma plêiade de alunos que estudam a Umbanda e vão assistir às suas exposições desdobrados, fora do corpo físico.

Este livro, *A Umbanda é de todos – manual do chefe de terreiro*, conclui a Trilogia Registros de Umbanda. É a terceira "apostila" de estudo; a primeira foi *Iniciando na Umbanda*, e a segunda, *Cartilha do Médium Umbandista*. Sem dúvida, enquanto tivermos sanidade mental, saúde orgânica e apoio dos Guias Astrais, outros livros virão na sequência. Não é uma obra psicografada no sentido clássico, mas um singelo compêndio coordenado e orientado por Caboclo Pery, que, comigo em desdobramento natural durante o sono físico, me orienta sobre o que devo escrever com meu próprio punho. Obviamente, há a experiência prática aliada ao estudo e à pesquisa contínua, pois o médium tem que estudar sempre; subsídio indispensável ao tipo de mediunidade vigente na atualidade, mais intuitiva e consciente, cada vez menos sonambúlica, fenomênica e inconsciente.

Há que se registrar que tudo o acontece dentro de uma gradação previamente planejada. Se não tivesse, há 10 anos, fundado uma comunidade-terreiro e vivenciado intensamente todos os percalços de manutenção de um congá sob a égide da Lei de Umbanda em todo esse tempo, certamente não teria condição de escrever o que ora me solicita o Plano Espiritual.

Mesmo assim, sem o amparo do lado de lá, nada realizaríamos, pois eles são o rumo e o direcionamento que nos mantêm firmes nos passos a serem dados. Somente assim conseguimos seguir em frente no caminho que se nos apresenta – o programa de vida delineado antes de encarnamos na presente forma física.

O que é etnografia?

Etnografia vem do grego *ethos* (cultura) + *graphe* (escrita). Ela estuda e revela os costumes, as crenças e as tradições de uma sociedade ou de determinado grupo religioso, que são transmitidos de geração a geração e que permitem a continuidade de determinada cultura ou de um sistema social. É inerente a qualquer aspecto da antropologia cultural, que estuda os processos da interação social: conhecimentos, ideias, técnicas, habilidades, normas de comportamento e hábitos adquiridos numa comunidade étnica ou religiosa.

A etnografia é, também, parte ou disciplina integrante da etnologia, que se ocupa com o estudo descritivo, classificatório e comparativo da cultura material, ou seja, dos artefatos encontrados nas diversas sociedades.

A pesquisa etnográfica tem bases antropológicas ou etnográficas e baseia-se na observação e no levantamento de hipóteses, em que o etnólogo procura descrever o que, na sua visão, ou seja, na sua interpretação, está ocorrendo no contexto pesquisado. Uma das características da etnografia é a presença física do pesquisador e a observação *in loco*. No presente caso, o pesquisador é o próprio médium escrevente, baseando os registros escritos na vivência de dentro para fora, e não de fora para dentro, tão comum no modelo clássico, em que se coletam as informações por um agente externo.

Oração aos Orixás

Ogum

Que a tenacidade de Ogum nos inspire a viver com determinação, sem que nos intimidemos com pedras, espinhos e trevas! Que sua espada e sua lança desobstruam nossos caminhos e seu escudo nos defenda!

Ogum Yê!

Oxossi

Que o labor de Oxossi nos estimule a conquistar sucesso e fartura à custa de nosso próprio esforço! Que suas flechas caiam à nossa frente, às nossas costas, à nossa direita e à nossa esquerda, cercando-nos para que nenhum mal nos atinja!

Okê Oxossi!

Oxum

Que Oxum nos dê a serenidade para agir de forma consciente e equilibrada, tal como suas águas doces, que seguem desbravadoras no curso de um rio, entrecortando pedras e precipitando-se numa cachoeira, sem parar nem ter como voltar atrás, apenas seguindo para encontrar o mar! Que nós possamos lutar por um objetivo sem arrependimentos!

Ora yeyêo Oxum!

Iansã

Que os raios de Iansã iluminem nossos caminhos e que o turbilhão de seus ventos leve para longe aqueles que de nós se aproximam com o intuito de se aproveitarem de nossas fraquezas!

Êpa hey Iansã!

Xangô

Que as pedreiras de Xangô sejam a consolidação da Lei Divina em nosso coração! Que seu machado pese sobre nossas cabeças, agindo na nossa consciência, e sua balança nos incuta o bom senso!

Kaô kabecilê Xangô!

Iemanjá

Que as ondas de Iemanjá nos descarreguem, levando para as profundezas do mar sagrado as aflições do dia a dia, dando-nos a oportunidade de sepultar definitivamente aquilo que nos causa dor, e que seu seio materno nos acolha e nos console!

Odoyá Iemanjá!

Omulu

Que Omulu traga não só a cura para nossas mazelas corporais, mas também ajude nosso espírito a se despojar das vicissitudes!

Atotô Omulu!

Nanã Buruquê

Que a sabedoria de Nanã nos dê outra perspectiva de vida, mostrando que cada nova existência, seja aqui na Terra ou em outros mundos, gera a bagagem que nos dá meios para atingir a evolução, e não uma forma de punição sem fim, como julgam os insensatos.

Saluba Nanã!

Oxalá

Que a paz de Oxalá renove nossas esperanças de que, depois de erros e acertos, tristezas e alegrias, derrotas e vitórias, chegaremos ao nosso objetivo mais nobre: aos pés de Zambi maior!

Êpa babá Oxalá!

Com a palavra, o autor

A ideia de escrever este livro nasceu de seguidas solicitações. Não se trata de nenhum "manual" de magia, muito menos de um roteiro apostilado tipo passo a passo de como se abrir um terreiro. É importante registrar que, para um maior entendimento do terceiro volume que ora introduzimos ao amigo leitor, é recomendado que se leia, também, os volumes 1 e 2 (*Iniciando na Umbanda* e *Cartilha do Médium Umbandista*, respectivamente), pois não repetiremos conceitos básicos e já elucidados nos compêndios anteriores da Trilogia Registros de Umbanda para não nos tornarmos enfadonhos. Então, para elaboração desta obra, partimos da premissa de que assim foi feito, ou seja, foi realizada a leitura de todos os volumes da Trilogia, na sequência.

Após mais de 10 anos da fundação de um centro e mais de 25 anos ininterruptos escutando as pessoas, tanto médiuns quanto "meros" frequentadores que buscam nos passes e nos aconselhamentos espirituais o melhoramento de suas vidas, bem como adeptos de outras casas, simpatizantes e curiosos, percebi que, apesar de toda a literatura existente que aborda nossa religião e a popularização das religiões mediúnicas afro-ameríndias descendentes, de variados tipos de informações que temos hoje pela democratização e pelo crescimento avassalador da internet, pairam sobre a Umbanda dúvidas enormes. Além disso, constatamos que, mesmo com toda sorte de cursos pagos aqui ou acolá e com a rápida formação sacerdotal ali ou lá, um expressivo número do total de quem abre um terreiro, que se diz de Umbanda, acaba não o sendo verdadeiramente, e fracassa sobremaneira.

Curiosamente, mesmo com todo o conhecimento que temos disponível e amplamente ao alcance de qualquer um, aliado ao fato de que o número de templos de Umbanda aumentou significativamente em todas as regiões do país, faltam muitos dirigentes espirituais na seara umbandista. Parece-nos que, quanto maior a quantidade de adeptos, mais despreparados eles são.

Se a oferta de cursos e de consagração sacerdotal a respeito da religião dos Orixás sob a perspectiva da Umbanda é grande, por que tantos fracassam?

As conclusões a que chegamos certamente não agradarão a todos, nem essa é a intenção deste singelo roteiro ético e comportamental. O nome já diz tudo, as causas são antigas e enraizadas, e talvez a pior delas seja o total despreparo ético e moral de boa parte dos atuais "sacerdotes" que se dizem de Umbanda. Esse é o ponto central, que, aliado a muitos conceitos e práticas rito-litúrgicas de outras religiões, que descaracterizam completamente os fundamentos deixados pelo Caboclo das Sete Encruzilhadas, afeta o universo umbandista, no qual, em muitos casos, não se conhecem os limites do culto original; simples, lógico, totalmente de acordo com as Leis Cósmicas que regem a harmonia da própria natureza e, consequentemente, o equilíbrio espiritual, em conformidade com o que era praticado nos tempos primevos da origem da Umbanda em solo pátrio no século passado.

É importante deixarmos claro que não pretendemos ser os donos da verdade nem impor doutrina a quem quer que seja, e que de modo algum classificaremos receitas ou fórmulas cerimoniais ou rito-litúrgicas como verdadeiras ou da genuína Umbanda. Vamos, sim, explanar sobre os conceitos éticos, morais e comportamentais que devem fazer parte do temperamento e do modo de ser de um chefe de terreiro, mas notadamente enfatizando a Umbanda praticada no Grupo de Umbanda Triângulo da Fraternidade, que tem fortes influências nagô em seus elementos de ritos, adotando os aspectos éticos da sabedoria de Orunmilá Ifá, o culto a Ori – cabeça – junto com os Orixás e os falangeiros. Todavia, preservamos na íntegra os fundamentos deixados pelo Caboclo das Sete Encruzilhadas, numa saudável síntese oriunda da reinterpretação da religião aborígene iorubana para dentro de um terreiro umbandista, convergindo numa nova epistemologia e numa união com os ensinamentos morais do Evangelho do Cristo primevo, que se associam harmoniosamente com a ética, o caráter e os vaticínios de Orunmilá Ifá.

Desde o momento em que um médium recebe a orientação de seus Guias Astrais para fundar um centro, independentemente de exaltarmos formulários e consagrações, graus iniciáticos e oferendas obrigatórias para entronização em cargos hierárquicos, propomos uma reflexão profunda sobre os aspectos psicológicos mais sutis que determinam o comportamento dentro da comunidade-terreiro, e, com base nisso, a definição se a sintonia com os espíritos-guias será positiva – sustentadora, respeitosa, amorosa e benfeitora – ou negativa – venal, mistificadora, vaidosa e afim ao baixo astral. Sem dúvida, a moral, o caráter e a conduta do sacerdote se espraiarão sobre toda a comunidade, pois ele é o catalisador e primeiro elo de contato com os espíritos que se afinam com ele e dirigem a egrégora que se forma. Um dirigente mau-caráter e imoral não será condutor e retransmissor de um axé bom.

A todo iniciante e adepto, recomendamos: não ofereçam suas cabeças para o toque de mãos que não honram o que a boca fala para a comunidade em suas atitudes diárias, conspurcando a sagrada religião de Umbanda e, o que é pior, "estragando" vidas que lhes confiaram indicar os caminhos a seguir.

Quem pode e deve ser um chefe de terreiro umbandista?

Primeiro, há que se esclarecer que todo chefe de terreiro é médium, mas nem todo médium será um chefe de terreiro. Aquele que reencarna programado para exercitar esta difícil atividade mediúnica sacerdotal – dirigir e zelar vibratoriamente um agrupamento e comunidade de axé sob a égide da Lei de Pemba – foi previamente escolhido e preparado no Plano Astral.

Isso requer, de parte dos Senhores do Carma, algumas intervenções técnicas em seu perispírito, sensibilizando-o para suportar o "embate" vibratório ao qual será exposto quando estiver à frente de um congá. Obviamente, na Umbanda, para que se lhe abra e desperte a contento toda a potencialidade psíquica exigida para a sintonia espiritual com a irradiação dos Orixás enfeixados por linhas de trabalho, guias e falangeiros espirituais, além de ter percepção clara e segura de cada médium, o chefe deverá saber como eles percebem essas vibrações, pois, em contrário, não conseguirá orientá-los com acuidade e destreza suficientes. Isso mesmo; além de percepção cristalina do seu mundo íntimo psíquico, ainda será responsável por orientar outros médiuns e interagir mediunicamente com as entidades que lhes assistem. E é fato inquestionável que nenhum curso de sacerdócio poderá oferecer isso, independentemente de quem o ministra e de como se intitula - lembremos Zélio de Moraes e sua mediunidade límpida aos 18 anos, manifestando inequivocamente o Caboclo das Sete Encruzilhadas. Assim, serão exigidos alguns bons anos de trabalho prático de terreiro, de passes e de aconselhamentos espirituais, tendo contato direto com os consulentes e participando de todo e qualquer tipo de trabalho nos sítios vibracionais dos Orixás. Não vamos abordar os ritos de firmezas e consagrações necessários ao aproveitamento de um médium "aprontado" na Umbanda. Importa considerar que a proposta deste "manual do chefe de terreiro" é comportamental e ética, não simplesmente "repetir" o que os outros já escreveram.

O médium que se mantém ativo em suas tarefas, com os pés no chão, incorporando adequadamente, com manejo energético profícuo por Orixá e linha de trabalho, absorve profundos ensinamentos em sua estrutura psicoastral – corpos espirituais. Todas as orientações dos benfeitores a respeito das queixas dos consulentes, as demandas, os descarregos, os bate-folhas, por vezes os preceitos com reclusão no templo, as vezes que teve que receber atendimento para si mesmo, enfim, esse manancial de experiências acumuladas abaliza-o com uma segura passividade para entrar em transes rituais com os seus Mentores, o que denominamos estados alterados ou superiores de consciência, forjando-lhe uma "couraça" vibratória de proteção que, por sua vez, permite-lhe "almejar" ser um médium chefe de terreiro, um líder da comunidade, se tiver aptidão preexistente ao nascimento no atual corpo físico para ser um zelador espiritual, em conformidade com os desígnios de seu plano de vida – destino – na presente encarnação.

Ocorre que desejar não é o determinante para a entronização nessa função sacerdotal, e, na maioria das vezes, quem de fato pode não deseja tal "exaltação", por vezes "fugindo" desse sério compromisso por anos, o que não é nada razoável e acaba comprometendo todo um planejamento feito do lado de lá antes da reencarnação do médium.

Geralmente, os sensitivos que verdadeiramente têm o "selo" da genuína Umbanda, ratificado pela Lei de Pemba, nem sonham com essa elevada tarefa. Via de regra, o guia de frente, habitualmente um caboclo, em determinado momento da caminhada de seu pupilo, avisa-o, por meio de clarividência, clariaudiência, sonho lúcido, desdobramento astral etc., de que ambos terão de dar este decisivo passo: fundar uma agremiação, um terreiro, centro, templo – não importa o nome – para fazerem a caridade. É o chamamento para a concretização em terra de um compromisso recíproco, nem sempre harmônico, caso o medianeiro não desista, o que não é incomum acontecer. Outras vezes, tal compromisso é confirmado também pelo jogo de búzios – merindilogun –, quando o terreiro ao qual o médium está vinculado tem o seu sacerdote preparado para utilizá-lo.

Nem sempre é dialógico o processo de abertura de um novo terreiro. Rupturas ocorrem dentro do próprio centro que o médium que se propõe a fundar frequenta. Esse passo é delicado e de extrema sensibilidade anímico-mediúnica, e, consequentemente, muitos outros médiuns ficam enciumados. Há que se ter, no caso de dirigentes de casas que se deparam com um de seus médiuns orientados pelo caboclo a abrir uma casa, rara destreza psicológica e muita acuidade para perceber com clareza a situação e saber conduzi-la, minimizando ao máximo os conflitos que possam acontecer e sem dar abertura para a nefasta atuação de espíritos obsessores, que estão sempre a postos para atrapalhar qualquer ação em prol do bem.

Quando se chega nesse estágio, certo número de companheiros seguirá o médium fundador, pois ele já conquistou a confiança de seus pares pelo seu caráter inquestionável, sua liderança nata, seu carisma e seu magnetismo peculiar, que vibra em seu Ori – cabeça – com força, além de sua comprovada capacidade mediúnica, de fato e de direito colocada à prova em anos de trabalho prático caritativo no terreiro.

Há sacerdotes experientes que entendem perfeitamente que a Umbanda se reproduziu e cresceu ao longo dos anos, após vencer o ciclo inicial em que os médiuns incorporavam em cozinhas, garagens e centros espíritas e suas entidades anunciavam que, a partir daquele momento, estavam "fazendo" um novo rito de cura. Na atualidade, ela cresce se desmembrando de si mesma em cada centro em que um dos seus médiuns dá o passo para ir ao encontro da fundação de um novo templo, ou seja, a Umbanda se multiplica em parcelas menores que se "desgarram" dos terreiros e se instalam em outros locais, tal qual cepas plantadas que darão novas árvores. Assim, dirigentes calejados e maduros emocionalmente não ficam enciumados e apoiam seus "filhos" de corrente a dar esse importantíssimo passo, ajudando-os, consagrando-os e, inclusive, auxiliando-os nos ritos iniciais que serão realizados no grupo recém-nascido.

Em verdade, é o merecimento adquirido com o exercício da mediunidade outorgada, que é um empréstimo divino a um ser altamente endividado com seu passado, que ainda não angariou "dons" ou aptidões perenes em seu psiquismo de profundidade, tendo se comprometido no Plano Astral a assumir essa tarefa redentora e retificadora em prol de uma coletividade. Assim, são determinantes o tempo e a vitória do médium sobre si mesmo, e não o fato de ele se "consagrar" sacerdote aqui ou acolá, pagando para ter reconhecimento, pois muitos procuram nomes famosos para serem consagrados, buscando adquirir uma falsa legitimidade. A verdade é que, se houver Ori preparado, sensibilidade e cobertura espiritual programada para esse sério sacerdócio no sentido de total esquecimento de si mesmo em prol dos outros, inevitavelmente os fatos conduzirão para a realização do combinado com os Guias Astrais antes da reencarnação, independentemente de quaisquer ritos para os olhos da vaidade humana.

Há que se considerar que uma plêiade de espíritos encarnados e desencarnados depende da viabilização da abertura do novo terreiro, pacto acordado no Astral, num amplo programa de reciprocidade evolutiva que envolve uma comunidade de axé em terra sob a chancela vibratória da Umbanda.

Importa considerarmos que a Umbanda e as outras religiões de matriz africana, notadamente o Candomblé – o qual respeitamos profundamente –, são totalmente distintas umas das outras. O fato de um médium dirigente de Umbanda ser iniciado nesta religião não deveria distingui-lo em nosso meio, pois, se no Candomblé ele será um Yaô – um iniciante –, como entender o *status* elevado que uns e outros dão a esse fato dentro do próprio movimento umbandista? Sabemos que a iniciação no Candomblé, de acordo com seus fundamentos, "bloqueia" a sintonia com os espíritos que se apresentam como caboclos, pretos velhos, exus e demais entidades do Plano Astral. É difícil entender os motivos de muitos dirigentes procurarem iniciações em outra religião para se valorizarem dentro da Umbanda.

Da mesma forma, um Babalorixá ou Yalorixá do Candomblé repentinamente resolve abrir um terreiro umbandista ou se vincular a um, mas não abre mão de sua insígnia sacerdotal. Consideremos que sua feitura no culto de origem em nada o gradua na Umbanda ou lhe concede outorga do Plano Astral. Ao contrário, se ele tem a cobertura astral para fundar um terreiro e passou por ritos, sejam eles quais forem, mas que não fazem parte da Umbanda, deve iniciar do primeiro degrau, pois somente com tempo dentro de um terreiro genuíno amparado pela Lei de Pemba ele poderá angariar o merecimento e, futuramente, ser autorizado pelos Guias Astrais a dirigir um congá como chefe de terreiro, o que nada tem a ver com ser "feito" no "Orixá" em outros ritos.

Isso quer dizer que ser iniciado no Candomblé nada significa na Umbanda, assim como ser chefe de terreiro não é distinção alguma no Candomblé. Infelizmente, as misturas e a falta de fundamento, de pertença e de preservação das tradições só fazem uma e outra religião perder sua identidade e enfraquecer reciprocamente, por perderem a conexão com seus ritos de origem. Embora tenhamos semelhanças – e temos muitas –, somos diferentes. Essencialmente, Umbanda é Umbanda e Candomblé é Candomblé. Tantas são as vozes sérias de um lado e de outro que são unânimes em afirmar que uma coisa não é a outra.

Então, quem é, deve e pode ser um chefe de terreiro umbandista já nasce com o "dom", já tem Ori feito no Astral, com seus Guias Astrais previamente escalados, que se comprometeram a dar-lhe guarida, segurança e cobertura espiritual. Não devemos buscar em outras religiões a legitimidade que somente a mediunidade na Umbanda estudada e vivenciada no tempo pode e deve nos dar.

O guia-chefe orientou o médium a fundar um terreiro de Umbanda. E agora? O que, como e onde fazê-lo?

Finalmente chega o dia em que o médium recebe a orientação de seu guia-chefe de que deverá fundar um novo terreiro. Se o medianeiro vem seguindo regularmente suas tarefas e tem apoio do sacerdote do templo, o "trâmite" e a concretização da nova casa já terão meio caminho andado. Infelizmente, nem sempre acontece assim.

Vamos descrever o mais difícil e que talvez seja bastante comum: a ruptura, por algum conflito que se estabelece. Assim como cepa que se lança ao solo quando a árvore é atingida por um raio, novas raízes nascerão, se fincando à terra, e brotos irromperão para formar novos galhos e folhas. Lembremos que o primeiro terreiro de Umbanda, Tenda Espírita Nossa Senhora da Piedade, fundada por Zélio de Moraes a mando do "chefe", o Caboclo das Sete Encruzilhadas, nasceu de uma cisma e um "racha" dentro de um centro espírita. Então, encaremos com naturalidade o fato de muitas comunidades umbandistas nascerem de um "conflito" inicial, aparentemente contraditório, mas perfeitamente aceitável, haja vista ainda nosso primarismo espiritual humano.

Há que se considerar um fato sutil, mas que passa esquecido ou não é sabido pela maioria. O médium imbuído de abrir o futuro terreiro, enquanto postergar esse importante passo, estará de toda sorte vibrando com seu Ori e seu Eledá – cabeça e Orixás regentes – como chefe de terreiro, e sua coroa mediúnica – formada pelos seus guias e falangeiros, que aguardam assumir as tarefas designadas antes da reencarnação do médium – estará vibrada, "aguardando-o". Então, inevitavelmente, começarão a acontecer situações contraditórias, imprevistos, desentendimentos, quebras de corrente, quizilas e até interdições astrais, que "forçarão" o médium a assumir seu compromisso. Isso ocorre pelo fato de uma individualidade ser de "menor" importância – no caso, a do médium – comparada ao coletivo diante do grandioso projeto que é a fundação de um terreiro de Umbanda, cujo objetivo é auxiliar as humanas criaturas e os "infinitos" espíritos sofredores na crosta e nas zonas umbralinas, como o é a fundação de um terreiro de Umbanda.

Muitas vezes, o médium começa a sentir uma intensa dissociação vibratória na corrente, como se não fizesse mais parte dela. Tudo à sua volta começa a soar estranho, diferente, e uma enorme insatisfação impregna-se no seu psiquismo. Inevitavelmente haverá conflitos entre ele e outros médiuns e com a direção sacerdotal da casa, pois, no plano oculto – no Ayê –, as entidades astrais se movimentam intensamente para que circunstâncias alheias e subjetivas interfiram e "obriguem" o médium a sair do terreiro e tomar coragem para abrir um novo.

Obviamente, essa é uma situação extrema, mas é pouco hipotética, dado que isso acontece – e muito – por este Brasil afora. Centenas e milhares de casas de Umbanda foram abertas sob essas circunstâncias, e seguem firmes e sólidas por décadas.

Não é justo, sob a perspectiva de sérios compromissos assumidos com uma coletividade, que o médium que aceitou e, por vezes, pediu o programa de vida e a sensibilização mediúnica como chefe de terreiro desista por motivos chulos, receios infundados, covardia, materialismo, negação da família, entre tantos outros motivos. É óbvio que existe o livre-arbítrio e os Guias Astrais atuam numa margem respeitosa, fazendo todo o possível para "obrigar" o seu pupilo a seguir seu destino e o contrato que foi pactuado antes de sua encarnação.

Essa "insistência" por vezes se dá mais em prol dos muitos espíritos que aguardam que a nova casa esteja funcionando para assumirem suas tarefas e, assim, evoluir, inseridos num programa redentor maior.

Todo o planejamento irá por água abaixo se houver uma desistência. Infelizmente, muitos se acovardam; os benfeitores espirituais, entristecidos, seguem seus caminhos no Plano Astral e o médium continua em terra, agora tendo de arcar com uma enorme carga psíquica, pois continuará sensibilizado mediunicamente para ser chefe de terreiro e as entidades inferiores do mundo espiritual sempre estarão a postos para assumir o comando de um Ori que se "perde" na tarefa.

Esse é um momento extremamente delicado para o sensível psiquismo do médium em questão. O efeito de retorno vibratório do seu compromisso, que lhe acicata os chacras, os corpos espirituais e o Ori, pode, inclusive, enfraquecê-lo, levar-lhe a um processo de fadiga fluídica. O que fazer nessa situação, se não se tem o apoio do dirigente da corrente na qual se está vinculado? Procurar orientação e apoio num sacerdote mais experiente, que lhe confirme o que está ocorrendo, no mais das vezes por meio do jogo de búzios. Inexoravelmente, se existe corte na corrente em que ele está vinculado, decorrente de ciúmes, inveja, esconjuros verbais ou magias mentais por contrariedades manifestas abertamente, torna-se imprescindível o apoio vibratório de uma outra egrégora estabelecida sob a égide da Umbanda, para que o medianeiro não fraqueje nem se fragilize a ponto de não suportar o "embate" vibratório do qual será alvo, por vezes até adoecendo.

Tendo conseguido o apoio de uma comunidade com um zelador sério, ético e desinteressado, o médium ainda terá de suportar a grande demanda inicial que inevitavelmente acontecerá, pois ele será o catalisador de todas as mudanças e terá de absorver em muito as rogativas e as instabilidades emocionais e mediúnicas dos médiuns que o acompanharão. Nada que seja impossível, mas todos que são da religião de Umbanda sabem o quanto é exigido de um dirigente nos primeiros meses da fundação, o que, em verdade, caracterizará um ciclo, geralmente de sete anos.

Neste ínterim, não é descartada uma consagração sacerdotal, preceito dirigido para fortalecimento de seu Ori e seu tônus mediúnico, pois, além de ter de "cuidar" de "suas" entidades, dando-lhes passividade adequada, firme e constante, o chefe tem como tarefa precípua "zelar" pelos médiuns da corrente, seus filhos espirituais. Haverá uma mudança de "alvo" mediúnico, que antes era direcionado do médium para os consulentes. A partir da fundação do terreiro, todos os seus "dons" mediúnicos aflorarão no sentido de desenvolver, formar e zelar pelos novos médiuns que estarão sob sua responsabilidade. Claro está que nossa narrativa parte de uma premissa mais grave, de conflito neste trânsito de trabalhador de uma corrente constituída para chefe de uma a ser fundada, mas nem sempre é assim.

Quando se tem apoio do sacerdote e da corrente, seguindo os pressupostos de tempo e vivência numa linha de continuidade, por vezes o médium é consagrado Pai Pequeno ou Mãe Pequena, usufruindo, na própria corrente, de um período de "treinamento" e preparo para futuramente assumir um terreiro como dirigente principal.

Se não houver sensibilização astral antes da reencarnação, Ori vibrado para estar sozinho à frente de um congá, os médiuns não se deslocarão, ou seja, permanecerão como Pais e Mães, mas vinculados a um dirigente que responde pelo congá. Isso significa que nem toda consagração garante a concretização de uma nova função sacerdotal por dentro da Umbanda, nem é indispensável. O que não pode faltar são a mediunidade e o apoio dos benfeitores espirituais.

Consagração sacerdotal é indispensável para ser um chefe de terreiro na Umbanda

Vez ou outra me perguntam sobre a minha opinião quanto a fazer-se ou não Pai ou Mãe Espiritual para estar à frente de um congá, ou seja, a necessidade de consagração ritualística por outro médium sacerdote já praticante para que o aspirante a chefe de terreiro tenha mais segurança em ser um zelador. Não é fácil responder a essa pergunta.

Geralmente, hoje em dia, o caminho do médium se inicia quando acontece a sua primeira incorporação e ele precisa educar a mediunidade. Então, procura um terreiro e, no dia a dia, vai aprendendo os rituais da casa. Em certo momento de sua caminhada, seu guia informa que seu aparelho tem carma probatório para ser chefe de terreiro e precisa abrir o seu congá. Ao menos deveria ser assim, mas nem sempre é. Por vezes, o dirigente do terreiro informa essa situação ao médium e diz que ele deve se preparar para a missão. É bastante comum isso acontecer, e o futuro dirigente se apoia em todo o seu atual aprendizado para o sacerdócio umbandista que se aproxima. Após a consagração, é assistido pelo seu antigo dirigente nos trabalhos iniciais para a fundação e a inauguração da nova casa, até ter a confiança que só a prática traz. As coisas vão se ajeitando, a pequena casa vai crescendo e, quando menos se espera, lá está o chefe de terreiro que um dia foi um médium aspirante, sendo procurado por algum filho espiritual de sua corrente para ser orientado e abrir o seu terreiro, e um novo ciclo se reinicia.

Em outras oportunidades, o médium recebe instrução direta do seu Guia no Astral, pois está vinculado a um terreiro em que o dirigente não tem cobertura mediúnica para conduzi-lo na missão ou uma das partes não confia suficientemente na outra. Então, o guia o libera e o intui para que procure um dirigente sério, capaz, idôneo, e que não cobre, para que seu aparelho confirme, num rito na Terra, sua condição de chefe de terreiro. Além do amparo mediúnico que a vinculação a uma corrente (de fato de Umbanda) dará ao principiante em todas as demandas que advirão dessa sua iniciativa de abrir uma nova casa, isso objetiva dar confiança ao novato, que, assim, encontra referências seguras e amparo na experiência maior do sacerdote em exercício. Foi o que aconteceu comigo: fui orientado a procurar um dirigente-sacerdote fora do meu terreiro. Até hoje agradeço aos Orixás pela ajuda de Mãe Iansã, sacerdotisa fundadora do Centro Espiritualista Caboclo Pery, no Rio de Janeiro, que me carregou no colo e me levou para o grupo recém-formado. Ela atraiu para si toda a demanda das doze pessoas, médiuns que me acompanharam e saíram de um centro para fundar outro. Nunca me esquecerei da entidade africana Ogum de Malê, que me deu cobertura nos momentos mais difíceis. Ele se apresentou logo após conhecer Mãe Iansã, deslocado de sua corrente astral.

De maneira geral, é assim que a Umbanda tem crescido, diferentemente de um tempo atrás, quando as manifestações mediúnicas aconteciam em garagens, cozinhas e pátios residenciais, e os guias curavam e faziam suas mandingas. Com o tempo, crescia a quantidade de atendidos e cambonos, e apareciam outros médiuns. Ninguém falava em iniciações, sacerdotes e escolas pagas, até porque não existiam.

Hoje, pipocam aqui e ali os cursos pagos de sacerdócio, chegando mesmo a serem mais importantes que a própria mediunidade do interessado, dependendo do nome famoso do sacerdote que os ministra. Há, ainda, os que afirmam que não é preciso ter mediunidade para ser sacerdote, o que é inconcebível na Umbanda. Mas, diante de tantas iniciações, graus, mestres, Pais, Mães, escolas, cursos, títulos, diplomas e honrarias, como ficam a mediunidade e os milhares de médiuns que não foram iniciados por ninguém, em cujas cabeças ninguém botou a mão, assim como Pai Guiné d'Angola orientou o insigne Matta e Silva, em cuja cabeça nenhum "mestre" terreno colocaria a mão? Como ficam estes que não fizeram nenhum curso e estão anonimamente à frente de seus terreiros, fazendo a caridade há anos? Pensemos profundamente na sabedoria desse fato inconteste.

Obviamente, ser sacerdote independe de ser reconhecido como tal. Lembremos do médium Zélio Fernandino de Moraes, que, aos 17 anos, manifestou o Caboclo das Sete Encruzilhadas e anunciou uma religião no dia seguinte. Se fosse nos dias de hoje, infelizmente iriam fazer cara feia, perguntar quem foram seu pai e sua mãe no santo e onde ele fizera o curso de sacerdote, desmerecendo a limpidez do mediunismo diante da desvinculação de uma raiz ritualística ou de uma escola.

Observemos que a função sacerdotal – que existe, embora assim não se denominem muitos dirigentes – não deve ser sinônimo de *status* e de poder temporal. Reafirmamos o tremendo compromisso de humildade, de servir ao próximo e de retidão diante dos filhos espirituais da corrente, da comunidade do terreiro e da sociedade como um todo, que deve mover o espírito sacerdotal.

Claro está que a vivência interna, templária, ritualística e litúrgica, bem como todo o aprendizado que os anos dão a um médium constante de uma corrente mediúnica, guardadas as variações de uma agremiação para outra, é muito importante. Todavia, é impensável exigir-se uma outorga de outro sacerdote encarnado para que haja o reconhecimento público do aspirante. Quem faz a iniciação são os guias no Astral, e cabe à mediunidade ser o diploma que credenciará ou não quem quer que seja. Digamos que podem haver ritos de confirmação e firmeza na Terra, mas, se não são antecedidos do preparo no Astral, antes da reencarnação, são inócuos e só servem para o reconhecimento das multidões e para acender a chispa que alimenta a fogueira de nossas vaidades, mas não legitima o médium perante a Lei de Pemba.

Antes de nos preocuparmos com quem iniciou quem, avaliemos a vibração, a moral, o desinteresse e a caridade realizada num terreiro dirigido por sicrano ou beltrano. O resto são pompas e insígnias terrenas, muitas vezes necessárias para que vençamos nosso medo de assumir tarefas maiores diante do mediunismo.

Não nos esqueçamos de que o alicerce principal da Umbanda é a mediunidade e, sem ela, a religião não se sustenta. Muitos a entendem como incorporação, um crasso erro e reducionismo dos complexos processos de comunicação com o Além. A mediunidade também compreende vidência, audiência, telepatia, clarividência e clauriaudiência pelos desdobramentos dos corpos espirituais. Há, ainda, pessoas que dizem que essa "coisa de desdobramento" não é de umbandista. Sendo uma capacidade sensitiva extrassensorial natural dos espíritos encarnados e desencarnados, não se vincula especificamente a nenhum culto ou doutrina da Terra, tendo aplicação universal.

Insisto que é surpreendente a quantidade de cursos pagos teóricos, práticos e apostilados que ensinam os interessados – independentemente de serem médiuns – a invocar campos de força eletromagnéticos em suas residências, assentar Otás – pedras sagradas

– de Orixás sozinhos e até encaminhar espíritos sofredores, abrindo portais de mistérios em nome de magias poderosas. Ao final do dito curso, os alunos estarão consagrados em seus ministérios, tendo a "outorga" de ajudar e amparar em qualquer lugar, sozinhos. É inimaginável um verdadeiro médium fazendo incursões no Plano Astral, de regra em regiões de baixa densidade vibratória, que caracterizam as zonas de socorro espiritual, como um passarinho querendo apagar um grande incêndio na floresta, sozinho. Sairá tostado, com certeza. Beira a irresponsabilidade e o genuíno engodo o que estão fazendo por aí certos "sacerdotes" em nome da nossa sagrada Umbanda.

É inconcebível um sacerdote umbandista falar e orientar uma comunidade enorme sem ter mediunidade ativa. Tentem; abram um terreiro sem o escudo mediúnico e vejam o que acontece e quanto tempo durará. Não se mantém, não se sustenta, explode rapidamente pelas mãos hábeis do Astral inferior. Agora, é fácil e muito cômodo ministrar cursos ensinando tratados de magia e prometendo mundos e fundos aos participantes, sem exigir nada deles além do pagamento, para deixá-los a esmo, cada um por si, tão somente com a promessa de que estão entronizados neste ou naquele trono de Orixá, sendo eles mesmos oferendas vivas aos Orixás e com cobertura para trabalharem sozinhos. Fazemos um alerta: não caia nessas arapucas caça-níqueis! Quando o caldo desandar, você ficará só. Para quem já está nessa, recomendo procurar um genuíno terreiro de Umbanda para costurar o patuá rasgado que lhe entregaram.

Com toda essa diversidade de escolas, iniciações e cursos, os guias da Umbanda nos conclamam a uma convivência fraterna e pacífica com aqueles que praticam e fazem uma Umbanda diferente da nossa. Entretanto, dizem-nos que é necessário sair do silêncio e apontar as idiossincrasias do meio umbandista, fazendo a Divina Luz refletir mais claramente na nossa sociedade entontecida por tantos disparates em nossa religião. Está faltando mediunidade em muito "umbandista" com diploma de mago, mestre ou sacerdote na parede. Contudo, tenhamos fé e não nos iludamos com as aparências. Umbanda sem mediunidade é como tentarmos viver sem o ar que respiramos.

Obviamente, há o outro lado da moeda: a supervalorização da mediunidade. Explico: muitos médiuns entendem que o espírito-guia deve fazer e saber de tudo, caindo numa preguiçosa acomodação. Claro que as entidades sabem muito mais que nós, e aprendemos muito com elas. Enxergam nossos erros, mentiras, vaidade e egoísmo. Sabem que médiuns ególatras e amparados em sentimentos viciados, quando decidem abrir um terreiro, serão portas abertas para as zonas do umbral inferior, em vez de serem canais de recepção dos guias. Abrir um centro de Umbanda é, antes de tudo, um tratado de ética cósmico, um recebimento de procuração dos espíritos, que serão os verdadeiros mantenedores da força (axé) da casa. Além dos aspectos litúrgicos e rituais que um sacerdote deve conhecer e aplicar, adotando elementos e fundamentos magísticos embasados nas leis de causa e efeito e no incondicional respeito ao livre-arbítrio das criaturas humanas, existem ainda o conhecimento e a experiência que só se conseguem após anos de vivência numa comunidade-terreiro. Assim, mediunidade e sacerdócio são uma via só, mas de duas mãos. Quando uma mão avança sobre a outra, estamos na contramão e podemos nos machucar. Como quase não existem mais médiuns inconscientes, quanto mais o medianeiro sacerdote à frente de um congá for diligente, estudioso, moral, ético e altruísta, mais amparo e cobertura mediúnica dos guias terá.

Frequentemente somos procurados por médiuns desejosos de abrirem seus terreiros. Explicamos que não basta querer, é imprescindível ter gravado no perispírito e no inconsciente espiritual o compromisso cármico de estar à frente de um centro umbandista e ter, ao mesmo tempo, merecimento, cobertura e amparo astral. Se assim não fosse, o sacerdote mais famoso da Terra poderia consagrá-los que de nada adiantaria. Agravam-se esses queixumes quando os pretendentes à consagração sacerdotal não aceitam os ritos do terreiro ao qual estão vinculados, achando-se melhores que todos os demais, mais preparados e coisa e tal. Não é incomum imporem ao ex-chefe de terreiro como deve ser a sua vida pessoal fora do centro, num "patrulhamento moral" pior que o da Inquisição, como se, para estar à frente de um congá, tivéssemos de ser como Francisco de Assis ou Gandhi. Há que se considerar que um sacerdote é um ser humano como qualquer outro, com defeitos e qualidades, longe de ser um santo, mas com maior número de obrigações espirituais que o cidadão comum. Muitas vezes, essas criaturas se preocupam mais com os outros que com elas mesmas, e, por sua rigidez psicológica, acabam sendo eternos insatisfeitos, mudando regularmente de agrupamento e nunca encontrando satisfação para suas almas, dado que condicionam ao exterior e aos outros sua felicidade e seu bem-estar espirituais, quando deveriam olhar para dentro de si mesmos.

O compromisso cármico para ser um sacerdote (chamado de "coroa de chefia") exige longa preparação sacerdotal, que pode culminar na bênção com a mão do consagrador - neste caso, outro sacerdote mais experiente – sobre o coronário do consagrado. Não devemos esquecer que o compromisso entre essas almas (guias, sacerdote consagrado e sacerdote consagrador) iniciou-se muito antes; foram encarnações e encarnações forjando esses espíritos para um momento existencial cármico de extrema responsabilidade. Por isso, não basta querer "estar sacerdote". O espírito tem que vibrar em sua natureza, de dentro para fora, para que o rito externo seja uma consolidação, um meio de ligação e assentamento, no plano material, de sérios compromissos espirituais assumidos há muito.

Tive a graça de conviver com um genuíno Mestre de Iniciação na Umbanda, Pai Roger Feraudy, do qual recebi as ordens e os direitos de trabalho diretamente de Pai Tomé em rito pedido pela veneranda entidade, mediunizada na sensibilidade cristalina de Pai Roger. Há que se registrar que, na ocasião, Pai Tomé disse-me que eu fundaria um terreiro, que era o meu "destino" traçado para esta vida, e que as ordens de trabalho que me transmitia pelos sinais de pemba riscados em minha cabeça eram de direito adquirido e para me resguardar magisticamente, dando seguimento a compromissos assumidos antes de reencarnar. Orientou-me ainda Pai Tomé que eu não precisaria seguir o método ritualístico da Umbanda Esotérica, pois "meus" Mentores Astrais me orientariam a respeito, exigindo-me somente o juramento de que eu manteria o compromisso de praticar uma Umbanda com Jesus e seus ensinamentos, independentemente da forma de acomodação rito-litúrgica no mediunismo de terreiro que viesse adotar, pois a Umbanda é uma só, fundada pelo Caboclo das Sete Encruzilhadas, isenta de divisionismos feitos pelas facções humanas atuantes no meio da religião, que existiam na época ou se cristalizariam no futuro.

Na eminência de fundar um terreiro, já decorridos mais de 14 anos de trabalho caritativo-mediúnico intenso, de passes e aconselhamentos espirituais, percebendo a Umbanda sob diversos ângulos de interpretação e após o passamento de Pai Roger Feraudy para Aruanda, encontrei Mãe Iassã Ayporê Pery, espírito amigo que me amparou e me orientou com sua mediunidade e com a arte divinatória – búzios –, confirmando meu compromisso com os Mentores Astrais, os Orixás e a Umbanda, culminando com a consecução do rito de consagração sacerdotal.

Obrigado, Mãe Iassã Ayporê Pery, por ter botado a mão na minha cabeça. Lembro-me seguidamente que sou médium consciente e cheio de defeitos, que não sou nenhum ser especial, eleito ou com "missão divina" para ser consagrado diretamente pelos espíritos do Astral, sem o braço e as mãos de um sacerdote ou Mestre de Iniciação na Terra a me conduzir.

Todavia, temos de respeitar a afinidade de cada pessoa, afinal, na Umbanda que praticamos, um sacerdote não prescinde de ser médium, ao contrário de outras religiões e cultos em que o sacerdócio não tem como pré-requisito a mediunidade.

Assim, se o que o move ao encontro da consagração sacerdotal não é a vontade inquebrantável de servir ao próximo por meio da mediunidade e se seus olhos brilham com as pompas litúrgicas que acompanham as hierarquias religiosas, inflamando seu disfarçado ego com a ambição de poder na aplicação dos rituais, alcançado com os títulos terrenos de pai ou mãe de santo, pai ou mãe espiritual, padrinho, madrinha, cacique, "cacica", mestre, mestra, comandante, "comandanta", chefe, "chefa", yalorixá e babalorixá, é natural que deva procurar outro terreiro mais próximo dos seus anseios espirituais, mesmo que não seja na Umbanda. Do mesmo modo, muitos vêm para a Umbanda a partir de outros cultos, como o pólen das flores que se espalha num imenso jardim existencial plasmado pela diversidade das almas neste planeta.

> Preto velho está cansado
> De tanto caminhar
> Preto velho está cansado
> De tanto trabalhar
> Firma o ponto no terreiro
> Que é longa a caminhada!
> Quem tem fé tem tudo
> Oi, quem não tem fé não tem nada!

Oferendas rituais são obrigatórias? A gênese da reposição de axé

Um chefe de terreiro deve entender que a vida, por sua própria gênese, é de origem metafísica, possuindo raízes poderosamente fincadas no mundo transcendental, que é o causal, ou seja, vivemos, no mundo físico, os efeitos de causas espirituais, expressando-se na condensação da energia derivada do fluido cósmico universal, que se apresenta em várias formas objetivas sem perder as características de sua origem mantenedora, o seu caráter espiritual; elo contrário ao mundo físico cartesiano e tridimensional, mas que vitaliza-se naturalmente por intermédio deste último. Se assim não fosse, quem não fizesse oferendas de reposição de axé se desvitalizaria rapidamente, prejudicando seriamente a sua vida, podendo até desencarnar, o que sabemos que não ocorre. Muitos dirigentes caem na armadilha de tudo resolverem fazendo oferendas materiais, criando dependência psicológica e, até mesmo, dos espíritos que os assistem, e acabam igualmente se "viciando" no catalisador energético que são os elementos físicos.

Vamos discorrer um pouco sobre a significação do axé – fluido vital mantenedor. Antes, porém, é imperioso esclarecermos que nossas leituras, conclusões e inferências são consequências naturais de nossa vivência templária no terreiro pelo qual zelamos e de experiências que compartilhamos, e damos publicidade àqueles que são simpáticos e afins ao nosso modo de ser, pensar e vivenciar a religião.

Na Umbanda que praticamos, por compromissos cármicos adquiridos e anteriores à presente encarnação, seguimos e vivenciamos os Orixás dentro de sua cosmogonia nagô iorubana. Assim, incentivamos o transe ritual terapêutico dessas forças sagradas com os elementos rituais propiciatórios associados a liturgias, cantos, toques e louvações internas junto com a corrente mediúnica. Nunca nos esquecemos da petica de Orunmilá-Ifá e de interiorizar em nossas vivências os ensinamentos de Jesus. Longe de estabelecermos qualquer verdade aos outros, dividimos somente a "verdade" que vivenciamos em nossa comunidade-terreiro, sinceramente, sem qualquer outra pretensão. Tudo nos é lícito, mas nem tudo nos convém – leiamos tudo, mas devemos nos ater àquilo que é bom para nossa consciência e nossa evolução, sem cartilhas definitivas, manuais conclusivos ou dogmas pétreos. A responsabilidade é de cada um, e colheremos conforme nossa semeadura diante das verdades consagradas pelas Leis Universais.

Então, vamos discorrer brevemente a respeito da natureza e do significado de axé, nome dado pelos iorubás à força vital. Segundo Maupoil (citado por E. dos Santos, 1986), axé é a força invisível, mágico-sagrada de toda "divindade", de todo ser animado, de toda coisa.

Embora o axé permeie toda a nossa existência e em tudo esteja presente, nos planos material e imaterial, não "aparece" espontaneamente, precisando ser transmitido. As várias realizações na existência dependem do axé, que, como força, obedece a algumas leis:

- é absorvível, desgastável, elaborável e acumulável;
- é transmissível por meio de certos elementos materiais, de certas substâncias;
- é transmissível se associado à força mental de um sacerdote – médium magista – com outorga e cobertura dos espíritos-guias;
- uma vez transferido a seres e objetos, neles mantém e renova o poder de realização;
- pode ser aplicado para diversas finalidades;
- sua qualidade varia segundo a combinação de elementos que o constituem e que são, por sua vez, portadores de determinada carga energética, de uma particular vibração e de um específico poder de realização;
- o axé dos Orixás, por exemplo, pode ser catalisado com oferendas e ação ritual, transmitido por intermédio de atos de invocação e de sacralização por comandos verbais – mantras – específicos, impetrados pelo zelador, e ativado pela conduta individual e coletiva de todos os membros de uma corrente mediúnica ritualística, podendo ser diminuído ou aumentado.

O axé encontra-se numa grande variedade de elementos da natureza, por exemplo, nos reinos vegetal e mineral; em elementos da água, doce e salgada, e da terra. Naturalmente, nós produzimos e fornecemos axé – fluido vital animalizado –, o que podemos entender como ectoplasma.

Todo ritual, seja uma oferenda, seja um processo litúrgico, seja uma consagração, realiza implante de força ou revitalização de axé. O que vive naturalmente se realiza de forma ininterrupta com axé, e consideramos sua fonte inesgotável, pela sua forma de fluido cósmico universal que a tudo interpenetra, provindo do hálito mantenedor do Criador.

Claro que eventualmente a reposição do axé se faz necessária com mais intensidade, em conformidade com a necessidade da comunidade-terreiro ou por carências particularizadas de seus membros, podendo ser reinserido pela prática ritual, que renova a força vital por meio de certos elementos da natureza, materiais doadores de prana – fluido –, verdadeiros condensadores energéticos afins e propiciatórios liberadores de axé. Isso ocorre principalmente em preceitos junto aos médiuns, em conformidade com o seu Eledá – regência de Orixás – e para fortalecimento de seu Ori.

A importância da regularidade dos ritos reside no fato de que a presença das entidades espirituais, nossos Mentores, favorece esses atos litúrgicos, ocasiões privilegiadas para a transferência e a redistribuição do axé movimentado do lado de lá para o lado de cá, do imaterial para o material, do Orum para o Aiyê.

Não é obrigatório qualquer tipo de oferenda para termos axé renovado, pois, na relação interpessoal mediúnica, nossos corpos atingem níveis profundos de liberação e recebimento de ectoplasma. Obviamente, elementos da natureza utilizados como oferendas propiciatórias são potencializados – o axé é liberado – pelos guias espirituais, que conjugam outros fluidos etéreo-astrais em nosso próprio benefício, fortalecendo, assim, adequadamente nosso tônus anímico-mediúnico.

Axé é o fluido cósmico universal. Tudo tem axé: os minerais, as matas, as folhas, os frutos, a terra, os rios, os mares, o ar, o fogo. Todos nós, seres vivos, animamos um corpo físico que é energia condensada e que também pode ser definido como "uma usina de fluido animal" (um tipo específico de axé), pois estamos em constante metabolismo energético para a sustentação biológica da vida, que é amparada por um emaranhado de órgãos, nervos e músculos, os quais liberam, durante o trabalho de quebra de proteína realizado no interior de suas células, uma substância etéreo-física, da qual os Mentores espirituais se utilizam, na forma de ectoplasma.

Durante a manifestação mediúnica no terreiro, são liberadas grandes quantidades de ectoplasma, decorrentes do próprio metabolismo orgânico dos médiuns e da multiplicação celular realizada em nível de plasma sanguíneo (na verdade, uma variedade de axé). Portanto, estamos sempre produzindo novas matrizes celulares e, a cada sete anos, em média, temos um corpo físico "novo". Nossa fisiologia é sensível à produção de um manancial fluídico consistente e necessário, uma espécie de "combustível" indispensável às curas, desmanchos de magias e outras atividades espirituais que ocorrem nas sessões mediúnicas, inclusive as cirurgias astrais.

Essa força fluídica que em tudo está é da natureza universal, independentemente do nome pelo qual queiramos designá-la. Os orientais a definem como prana[1]. Numa linguagem mais esotérica, é fruto de variações, no plano etéreo-físico, da energia primordial que sustenta o Cosmo, em maior ou menor nível de condensação, para se manifestar no meio materializado afim. Existe uma natural, permanente e constante permuta de axé entre os planos vibratórios e as dimensões. Liberam axé processos químicos dos seguintes tipos: decomposição orgânica, evaporação, volatização e corrosão de certos elementos. É possível a liberação de axé do plano físico para o éter espiritual intencionalmente, por meio da queima de ervas e macerações, ou nas oferendas rituais com frutas, perfumes, água, bebidas e folhas.

O axé é importantíssimo para a realização de todos os trabalhos mediúnicos. Na Umbanda, o método de movimentação dessa substância difere dos utilizados em outros cultos aos Orixás, já que a mediunidade é sua ferramenta propulsora e condutora. É por meio da força mental do médium, potencializada pelos espíritos-guias, que são feitos os deslocamentos de axé-fluido-energia. Os elementos

---

[1] Palavra de origem sânscrita. Traduzida textualmente, quer dizer "sopro de vida", ou energia cósmica e dinâmica que vitaliza todas as coisas e todos os planos de atividade do espírito imortal. Onde se manifesta a vida, aí existe prana. Na matéria, o prana é a energia que edifica e coordena as moléculas físicas, ajustando-as de modo a compor as formas em todos os reinos (mineral, vegetal, animal e hominal). Sem prana, não haveria coesão molecular nem formação de um todo definido. (Texto extraído da obra Elucidações do Além, do autor espiritual Ramatís, psicografado por Hercílio Maes, 11a edição, capítulo 18, Limeira: Editora do Conhecimento, 2007)

materiais também podem ser utilizados, e, então, funcionam como potentes condensadores energéticos, mas não são indispensáveis, pois deve prevalecer o mediunismo. Dessa forma, os elementos materiais precisam ser encarados como importantes elementos de apoio, sem que deles criemos uma dependência psicológica ritualística.

Entendemos que o equilíbrio na movimentação de axé se deve ao fato de que são utilizadas quantidades precisas e necessárias à caridade, não existindo excesso ou carência. Sejam os fluidos liberados pelos elementos materiais manipulados, sejam aqueles liberados pelo axé trazido pelos guias das matas e do Plano Astral associado ao fornecido pelos médiuns, não há nenhum excesso. Há de se considerar que uma parcela da assistência é doadora natural de axé positivo, o que se dá em virtude da fé, da veneração e da confiança no congá e nos guias espirituais. Toda a movimentação de axé é potencializada pelos espíritos que atuam na Umbanda, falangeiros dos Orixás que têm o poder mental para deslocar o axé relacionado com cada Orixá e seu sítio vibracional correspondente na natureza. Todos esses procedimentos de atração e movimentação de axé não são baseados em trocas, obrigações, barganhas, "toma lá, dá cá", mas na caridade desinteressada. Falar em movimentação de axé sem citar exu é como andar de sapatos sem solas: um faz parte do outro. É exu, como vibração, que desloca o axé entre os planos vibratórios; ele é o elemento dinâmico de comunicação dos Orixás que se expressa quando o canal mediúnico é ativado.

Como o axé é o sustentáculo da prática litúrgica umbandista, ele precisa ser regularmente realimentado, pois tudo o que entra, sai, o que sobe, desce, o que abre, fecha, o que vitaliza, se desvitaliza, para haver um perfeito equilíbrio magístico entre a dimensão concreta (física) e a rarefeita (espiritual). Assim, mesmo que não manifestado pelo mecanismo da incorporação, pois existem terreiros que não permitem a manifestação dessa vibratória no psiquismo de seus médiuns, exu é o elo de ligação indispensável no ritual de Umbanda. Por isso, não é necessário usar o axé do sangue nos trabalhos, hábito atávico que permanece em outros cultos, os quais respeitamos, sem emitir quaisquer julgamentos, pois não somos juízes de nenhuma religião, embora nossa consciência não aceite a prática de tais atos litúrgicos, mesmo com fins "sagrados".

Na Umbanda, o aparelho mediúnico é o meio vitalizador do ciclo cósmico de movimentação do axé, retroalimentando-o.

Sendo usina viva de protoplasma sanguíneo (ectoplasma específico gerado a partir do citoplasma das células), a cada batida do seu coração, a energia vital circula em sua aura através do corpo etéreo, repercutindo em extratos vibratórios nos corpos mais sutis e volatilizando no Plano Astral. Assim, os espíritos Mentores, tais quais pastores de ovelha tosquiando a lã na quantidade exata que será renovada, apoiam-se nos médiuns, que fornecem a energia vital indispensável aos trabalhos caritativos.

Entendemos que o amor dos guias espirituais, enviados dos Orixás para a prática da caridade umbandista, não combina com a imolação de um animal ou o sacrifício de uma vida para elaboração de uma oferenda votiva com a intenção de estabelecer o intercâmbio com o "divino", objetivando uma troca de axé ou para atender a pedidos pessoais acionados por trabalhos pagos.

Existem espíritos mistificadores – muitos dos quais se fazem passar por verdadeiros guias da Umbanda – que pedem sacrifícios e comidas a fim de vampirizar esses fluidos. Estes são dignos de amparo e socorro, que é o que fazem as falanges de Umbanda.

Todavia, há que se entender que uma comunidade-terreiro é a totalidade dos organismos vivos – pessoas – que fazem parte do mesmo sistema de condução de axé e interagem entre si, correspondendo não apenas à reunião de indivíduos e à sua organização social, mas ao nível mais elevado de complexidade, como se fosse um organismo vivo autônomo. Então, uma comunidade possui fluxo contínuo de energia, diversidade de espécies e processos de sucessão. Sob a perspectiva mais profunda de religião, uma comunidade é um conjunto de médiuns que se organizam sob um mesmo axé, sob o influxo de um conjunto de normas conhecido, convivendo num espaço comum sacralizado, compartilhando um mesmo legado cultural e histórico. Uma comunidade religiosa de Umbanda, como o Grupo de Umbanda Triângulo da Fraternidade, objetiva despertar no íntimo de cada indivíduo, potencialmente no seu corpo interno de médiuns trabalhadores e, de forma mais eletiva, em sua assistência, o sentimento de religiosidade, de religação com Deus, que se encontra no íntimo de cada consciência. Ao contrário do religiosismo, que aprisiona o ser no culto ao ego de líderes, a religião deve libertar, despertando a religiosidade, que é estado latente e em contínua germinação inerente a cada espírito imortal.

Assim, uma comunidade religiosa de Umbanda é o espaço que propicia as vivências com os falangeiros e os Orixás, que só podem ocorrer em comunhão de pensamentos, numa união coletiva disciplinada e formadora da egrégora necessária para o intercâmbio mediúnico saudável, objetivando o bem comum da coletividade. As oferendas são pontuais e servem como condensadores energéticos. Nunca serão um fim, pois são dispensáveis, embora sejam importantes como arsenal de Umbanda. O dirigente, chefe de terreiro diligente, deve saber manejar as oferendas, desde ritos públicos comunitários até preceitos individualizados, como um reforço de Ori, banhos propiciatórios ou bate-folhas para descarga energética, entre outras modalidades rituais.

Infelizmente, hoje se nota a exacerbação do individualismo eivado de tentativas de se reduzir a significação de grupos e templos religiosos em geral, notadamente os de Umbanda, banalizando-se os processos de iniciação espiritual e aviltando-se o tempo necessário aos mesmos, pois tudo é muito rápido: fundamentos são repassados à distância, fórmulas são ensinadas em fóruns de discussão, magias são receitadas como bolo caseiro e tradição virou sinônimo de "saber" aprendido na frente do monitor, em vez de absorvido e internalizado com a convivência na comunidade de axé, templo religioso, centro ou terreiro de Umbanda. E axé virou sinônimo de oferenda; há muita oferenda envolta em "mistérios" que precisam ser desvelados.

Resgatemos a mediunidade, o saber aprendido com os ancestrais, a pedagogia com os espíritos, que a tarefa caritativa aceita e pratica numa comunidade religiosa de Umbanda, elementos que uma casa de axé e fundamento propicia aos seus membros.

Valorizemos o sentimento de pertença, o tempo, os mais velhos, o saber vivenciado, a instrução repassada, o estudo em conjunto. Reflitamos que, por si só, nenhuma oferenda ritualizada tem valor se não estivermos com nossos corações e mentes elevados, vibrando no amar a si mesmo e ao nosso próximo da mesma forma.

O destino pessoal e o culto a Ori na Umbanda: a etiologia do núcleo intrínseco do espírito – chispa divina, centelha ou mônada

A Umbanda praticada no Grupo de Umbanda Triângulo da Fraternidade absorve os conhecimentos dos africanos nagôs, reinterpretando-os para satisfazer a nossa necessidade rito-litúrgica em conformidade com a orientação dos Guias Astrais que nos assistem. Ela é alicerçada fundamentalmente na vivência coletiva e comunal, em que nos relacionamos com o plano sobrenatural, repleto de irradiações dos Orixás e preenchido pelos espíritos, nossos ancestrais ilustres. Sabemos que o mediunismo é indispensável e, sem cobertura astral dos falangeiros, nada faríamos. Em contrapartida, temos buscado insistentemente um sentido para a nossa estada terrena num templo umbandista, tentando fugir da acomodação de "utilizarmos" o mundo dos espíritos como bengala para nossas fragilidades psíquicas e carências emocionais.

Chegará o dia em que seremos luzes, como nossos orientadores do lado de lá, mas podemos esforçar-nos para tirar o candeeiro de baixo da mesa aqui e agora. Jesus, o maior Mestre que esteve entre nós animando um corpo carnal, vaticinou "eu e o Pai somos um" e "vós sois deuses", mostrando-nos nossa potencialidade cósmica.

Há que se considerar que, naturalmente, o Cosmo espiritual é mantenedor do material, sendo tudo o que existe consequência do lado de lá. Somos um duplo, uma cópia ou um reflexo de uma realidade maior, que se nos apresenta enquanto vivermos nesta matéria em consequência de um processo de condensação de energias, num trânsito constante que ainda não entendemos em plenitude, mas podemos concluir e fortalecer nossa fé de que é assim por obra da criação divina. Somos formas transitórias de uma fonte irradiante cósmica, a grande Mente Universal, tudo provindo d'Ela. Assim, toda existência animada – vida – e inanimada – sem vida – manifesta-se, basicamente, para nosso precário entendimento cartesiano e ainda físico em planos vibratórios que se completam: o natural e o sobrenatural, o concreto e o abstrato, o físico e o hiperfísico, os quais denominamos Aiyê e Orun, respectivamente. O Orun, espiritual, "divide-se" em nove subplanos vibratórios, ou dimensões paralelas, conforme a física quântica, que não abordaremos neste livro, pois fugiria à sua proposta temática central.

Portanto, para efeito de abordagem deste capítulo, é indispensável sabermos que tudo o que existe em nosso plano vibratório tem duplicidade energético-etéreo-astral, mas nem tudo o que existe na dimensão do lado de lá tem duplo na matéria, embora possa influenciá-la. Somos um "aglutinado" de elementos que irão se dispersar um dia e se rarefarão, levando nossa consciência a habitar outra vez "somente" sua matriz sustentadora, nosso Corpo Astral. Quando encarnamos, éramos preexistentes, e a formação do corpo físico foi consequência de uma força magnética dinâmica que tem vários atributos divinos, a qual denominamos *exu – princípio dinâmico da individualização*, que abordaremos a seguir.

Há que se dizer que o Corpo Astral é muito mais complexo que o organismo físico, pois o corpo de carne é feito para o homem viver na Terra, em média, de 60 a 80 anos, enquanto o Corpo Astral é uma organização "definitiva" para o espírito e sua consciência habitarem o Plano Astral que envolve o planeta. Em verdade, os espíritos desencarnados possuem órgãos semelhantes e bem mais complexos que os existentes no corpo de carne.

Então, os órgãos do corpo físico são apenas "cópias" limitadas dos modelos ou das matrizes orgânicas esculpidas na substância vibratória do Corpo Astral. A maioria dos espíritos do lado de lá possui órgãos semelhantes aos do corpo físico, o que não implica que seu metabolismo seja idêntico ao dos encarnados. Esses órgãos continuam a servir-nos após a morte, em funções semelhantes às dos órgãos da matéria, mas não iguais, pois a nutrição do Corpo Astral é outra e bem diferente, de acordo com o Subplano Astral que habitaremos.

Fizemos essas digressões básicas sobre a fisiologia do Corpo Astral para demonstrarmos que os espíritos benfeitores precisam de certos fluidos animais e de alguns elementos utilizados como condensadores energéticos para que possam interagir e interferir na matéria etéreo-astral durante os trabalhos mediúnicos. Assim, compreendemos os fundamentos do arsenal de Umbanda, que não detalharemos, pois entendemos que existem muitos outros compêndios que já o fizeram e cabe a cada um de nós estudá-los, instruir-se e procurar o manejo adequado dos elementos no mediunismo de terreiro.

Estávamos falando de exu, princípio dinâmico da individualização, força magnética que realiza a condensação, um tipo peculiar de aglutinação energética que reproduz as células, da concepção até a formação completa do novo corpo físico, a gênese orgânica que entendemos como gravidez, na qual nosso Corpo Astral e nossa consciência são "vestidos" por um novo "paletó de carne", para que possamos vivenciar nosso programa de vida ou destino na matéria densa terrena.

Basicamente, temos três especificidades constitutivas, que adotaremos para efeito didático deste capítulo:

• **Ara:** a porção energética que forma o corpo físico, decorrente do campo de força bioeletromagnético, que criou e mantém a coesão atômica molecular que forma os órgãos e, consequentemente, todo o organismo.

• **Ori:** a porção energética ligada ao espírito, sua consciência, que se expressa pela cabeça – cérebro –, mas que, por sua vez, não é física, preexiste à reencarnação e, depois da morte física, continua viva e plenamente manifesta. Contém e envolve um núcleo energético central (Ipori).

• **Ipori:** o núcleo intrínseco do espírito, nossa mônada, centelha ou chispa divina, nossa divindade interior, pois é formada pela mesma "matéria" primeva símile a Deus. Não por acaso, Jesus vaticinou "eu e o Pai somos um", "o que eu faço podereis fazer e muito mais" e "vós sois deuses".

Inexoravelmente, Ori se formou no entorno deste núcleo intrínseco do espírito – IpOri –, que, por sua vez, se "soltou" da matéria – massa – primordial, protoplasma sagrado que não conseguimos definir em palavras, o próprio Deus imanifesto, onisciente, imanente, onipotente e consequente Criador de todos nós – cabeças –, que, por sua volição – vontade –, faz ininterruptamente "porções" d'Ele se "soltarem", diferenciando-se do Todo Cósmico que Ele é. No momento em que essa porção se solta, como gota do oceano, temos a potencialidade do Criador em nós, mas somos diferenciados em relação à massa de origem. Como espíritos criados, somos submetidos a um Orixá ancestral, que demarca nossa vibração primeva e nos acompanha no infinito existencial. Ao mesmo tempo, somos expostos ao princípio dinâmico e de comunicação emanado do próprio Deus, um de seus atributos divinos, que é exu, aspecto propulsor que nos "empurra" num descenso vibratório para que cheguemos gradativamente às dimensões mais densas – Plano Astral – e, a partir daí, tenhamos contato com as formas e condições de adquirir individuação e consciência, que se darão no ciclo de reencarnações sucessivas e nos reinos mineral, vegetal e animal, que fazem parte dos diversos planetas do universo.

Assim, nosso Ipori – centelha, chispa divina ou mônada – galga o infinito ciclo evolutivo do espírito imortal, num momento, adquirindo consciência – Ori –, "separando-nos" das almas dos grupos e dos animais, inserindo-nos na Lei Cósmica de Causa e Efeito, de Ação e Reação, adquirindo, finalmente, livre-arbítrio. Como uma planta nova, uma muda que sai do vaso e é plantada na terra, sofrendo, a partir daí, as intempéries do tempo, estaremos à mercê da legislação reguladora de toda a evolução cósmica, que, em justiça perfeita, estabelece a semeadura livre e a colheita obrigatória para todos nós.

Então, quando fomos criados por Deus, como chispas que se desgarraram de uma grande labareda, já nascemos com um núcleo central, nossa mônada, única, divina, imortal, que faz parte da gênese criativa dos espíritos. Este fulcro vibratório tem a potencialidade d'Ele em estado permanente de germinação, cabendo a nós o arado do jardim e o plantio, para que, um dia, sejamos arquitetos siderais. Em outras palavras, diferenciamo-nos deste Todo Cósmico, mas ainda não adquirimos prontamente consciência, faltando-nos a individuação como seres pensantes independentes.

O conceito de Ori relaciona-se à consciência, condição essencial para sermos espíritos plenamente individualizados. Adquirimos um destino - o que não é determinismo -, necessário para os espíritos humanizados completarem seu estágio existencial evolutivo entre as reencarnações sucessivas. A cada encarnação, viemos com um plano de provas – não confundir com pecado, punição e sofrimento impostos pela cultura judaico-cristã -, no qual ocupamos um novo corpo físico e animamos mais uma personalidade transitória. Obviamente, cada vez que retornamos ao vaso carnal, temos um programa de vida detalhadamente elaborado, o que não significa, repetimos, determinismo inexorável, pois, se assim o fosse, seríamos como robôs, com uma programação de fábrica, sem margem para o livre-arbítrio alterar as causas geradoras de efeitos cármicos negativos e transformá-las em retornos positivos, que nos libertam da inferioridade humana – darma. Inexoravelmente, somos impulsionados para a felicidade, e a cultura espiritualista de ter de "queimar carma" como mote de sofrimento nos parece uma distorção na interpretação das Leis Divinas, decorrentes do amor. Claro está que somos responsáveis pelos nossos atos e suas consequências. Enquanto não aprendermos a manejá-los adequadamente, certamente também sofreremos, mas entendemos que Deus não é "maniqueísta" e muito menos faz apologia ao sofrimento. Em verdade, temos muito medo de ser felizes aqui e agora devido aos profundos condicionamentos subconscientes de culpas e pecados, que enraizaram em nós recalques e traumas, notadamente pela exposição às religiões sentenciosas ainda existentes no mundo.

É interessante notarmos que, na cosmogonia nagô - a qual seguimos no Grupo de Umbanda Triângulo da Fraternidade, absorvendo seus ensinamentos metafísicos associados aos ditames morais da sabedoria de Ifá e do Evangelho primevo e consolador do Cristo (nada a ver com o cristianismo eclesiástico que absorveu do judaísmo a hierarquização do acesso a Deus, criando uma casta sacerdotal) -, Ori é reconhecido como uma divindade do panteão; consideram-no muito importante, mais que os Orixás, exceto quanto a Oludumare – Deus. O Ori de todo ser humano é reconhecido como seu "deus pessoal", aquele que se espera que seja "preocupado" com seu destino. Podemos inferir que o subconsciente profundo é o nosso "olho que tudo vê", é o nosso Eu Superior ou Crístico, que sabe o que é melhor em termos de experiências para nossa evolução e nosso aperfeiçoamento íntimo, psíquico, moral e, consequentemente, de caráter. Não por acaso, mais uma vez repetimos, Jesus, o Divino Mestre, afirmou "vós sois deuses".

Logo, na Umbanda que praticamos, a cabeça – Ori – é sagrada, assim como os Orixás – Ogum, Xangô, Omulu, Oxum, Iemanjá, Oxossi, Iansã... Condicionamo-nos, nas religiões instituídas, num processo de infantilização espiritual, a cultuarmos o santo, o pastor, o padre, o sacerdote, a pitonisa, o oráculo, o mago, o médium etc., desconectando-nos da fonte divina, que é o Criador. O culto a Ori, na Umbanda, faz com que nos religuemos ao nosso potencial divino e à sua fonte mantenedora, que é Deus, sem intermediários, com o caminho a ser percorrido dentro de cada um, embora tenhamos ritos e oficiantes, liturgias e preceitos, que são apenas facilitadores na busca dessa ligação interior.

Existe um Itan – provérbio ou parábola – nos vaticínios de Ifá que diz, entre outras coisas, que o Orixá Ori é o único capaz de nos levar ao infinito, ou seja, nossa mônada ou centelha divina nunca nos abandonará, mesmo que fiquemos num estado de dormência consciencial, fruto de nossos próprios atos insanos. Há que se esclarecer que os Itans não devem ser lidos nem interpretados de forma cega e literal, mas entendidos sob uma perspectiva metafórica. Essas "parábolas" são simbólicas, e as reinterpretamos no contexto da época atual, num dinamismo de vivência umbandista no Brasil e com fundamentos deixados pelo Caboclo das Sete Encruzilhadas. Em contrário, ficamos "presos" no passado, petrificados na tradição dogmática e nos mitos sem sentido. Umbanda é uma unidade aberta em construção e dinâmica, não estática no tempo.

É oportuno registrarmos que, na longa jornada evolutiva, até chegarmos a animar o corpo físico humano atual, a gradação biogenética permitiu que nossos espíritos adquirissem meios de manifestação tangíveis da inteligência; o cérebro e a caixa craniana, enfim, a cabeça, são aspectos objetivos e fisiológicos para a expressão da mente, ente extrafísico, atemporal, imortal e imaterial, ao contrário de como a percebemos no plano concreto. A mente é o veículo de manifestação de nosso Ori, que está relacionado com a glândula pineal, no meio de nossa cabeça, no sentido energético vibracional mais intenso. Por isso, ele é considerado o centro orgânico da mediunidade, e, assim, cultuamos a cabeça – Ori – na Umbanda. O rito mais conhecido de culto a Ori é o amaci; lavagem da cabeça com o sumo decorrente da maceração de folhas verdes, que abordaremos adiante.

No entorno do Ori, enfeixado no campo eletromagnético que se forma envolvendo a glândula pineal, temos a influência dos Orixás que estruturam nosso Eledá a cada encarnação. Não confundamos Eledá, que é diferente a cada nova vida na carne, com Orixá ancestral, que é o mesmo sempre e nunca se altera. Poucas entidades espirituais, raríssimos sacerdotes, conseguem diagnosticar qual é o Orixá ancestral de cada criatura. Basicamente, o Orixá de frente ("dono" da cabeça) e o Orixá adjunto, literalmente na frente e atrás da cabeça, irradiam-nos, equilibrando-se mutuamente.

Temos de entender que a maior parte da mente é inconsciente e que, antes de reencarnar, nosso Ori foi sensibilizado com "frequência" primordial dos Orixás – em conformidade com o manuseio dos técnicos astrais, mestres cármicos ou babá eguns, ancestrais ilustres –, que necessitamos trabalhar na presente vida carnal para o nosso próprio melhoramento íntimo, de acordo com o plano de provas que temos que vivenciar. A cada vez que reencarnamos, altera-se a influência dessas energias primordiais, que podemos didaticamente mencionar que são "matérias primevas" formadoras do núcleo intrínseco do espírito – Ipori. Em verdade, temos de atingir um estágio de consciência e de evolução em que vibremos em uníssono com todos os Orixás, assim como Jesus, que se fazia unidade com o Pai.

É por intermédio do inconsciente profundo e do subconsciente que somos influenciados pelo nosso Ori, e daí pelos Orixás componentes do Eledá – "massa" energética divina –, que é "moldável" a cada vez que retornamos à carne, auxiliando-nos a evoluir. Assim, quando cultuamos o Ori – por meio do amaci ou lavagem da cabeça com o sumo macerado de folhas – em ritos e liturgias propiciatórias, fortalecemos os arquétipos (componentes psicológicos) associados a cada Orixá do nosso Eledá. Cultuando nosso Ori, interiorizamos nossas aptidões divinas e minimizamos os pontos fracos, rompendo recalques, traumas, máscaras e couraças do ego que precisamos superar.

Logo, os Orixás de frente e adjunto (ainda não nos referimos aos falangeiros, que são espíritos) influenciam-nos por meio do inconsciente, num processo de "comunicação" subjetiva ou mensagens subliminares que afluem em trânsito para a zona da consciência e, assim, impulsionam-se para a memória perene. Entendemos que as funções do cérebro consequentes da atividade da mente são resultantes de uma ação indivisível, holística, em que o sistema nervoso central funciona como um todo, garantindo a integridade do organismo. Dessa forma, concluímos que o método de registro de estímulos que afluem do inconsciente para o consciente, cuja mente é o motor que estimula as conexões cerebrais, busca muitos significados na sede da memória atemporal. O sistema de memória humano depende de uma área de armazenamento, uma central de registros em termos de comportamento, cognição e emoção, que, por sua vez "automatiza" nosso modo de ser. A percepção e a consciência, muitas vezes, dependem do ato de "relembrar" pela evocação das experiências vivenciadas e significativas, decorrência das informações arquivadas no subconsciente profundo que são reativadas pelos rituais de dramatização de mitos simbólicos e arquétipos, como o são as rito-liturgias de Umbanda, como é o amaci, que faz com que "memorizemos" novamente nossos dons e aptidões divinas, automatizando-os em nosso psiquismo periférico quanto mais repetirmos o rito propiciatório, que nos impacta conscientemente aqui e agora. Assim, os Orixás estabelecem em nós um modo de ser, e o fazem junto com o grande comunicador que abre e fecha os caminhos em nossas encruzilhadas psíquicas internas (inconsciente *versus* consciente): exu, igualmente aspecto divino e princípio dinâmico de individualização (assunto do nosso próximo capítulo).

Podemos concluir que o amaci é o principal rito de fundamento de culto a Ori na Umbanda, mesmo que muitos terreiros assim não o percebam, tendo ângulos de interpretação diferentes, mas não desiguais em essência uns em relação aos outros. O amaci favorece nossa identidade cósmica, fortalece nosso plano de vida e robustece nosso tônus mediúnico, melhorando a comunicação do nosso Eledá com os guias e falangeiros que nos assistem, vitalizando nossos dons internos – "vós sois deuses" –, e, a partir daí, de dentro para fora, a sintonia fica mais límpida, com os espíritos que atuam enfeixados nas irradiações dos Orixás e compõem o que chamamos coroa mediúnica. Podemos afirmar que, como se fossem camadas justapostas, é primário e central o culto a Ori, secundário e subcentral o fortalecimento do Eledá, e terciária e periférica a sintonia fina com os ancestrais ilustres, nossos guias que nos assistem nas tarefas por dentro do mediunismo de terreiro. Essa classificação não faz um mais importante em detrimento do outro, pois todos estão inexoravelmente ligados, como elos de uma mesma corrente vibracional, influxos de um mesmo magnetismo divino.

Finalizando este capítulo, vamos fazer algumas anotações pontuais sobre o culto a Ori na Umbanda:

• Ori é a essência do indivíduo, é único e incomparável. Por isso, cada preceito deve ser específico, e não existe a possibilidade de se utilizar os mesmos elementos para todos os médiuns quando tratamos de ritos de consagrações ou firmezas individuais;

• Ori é a verdadeira sede imaterial da consciência, que se expressa por impulso da mente. No seu núcleo central (Ipori), temos o inconsciente profundo e todos os registros causais de vidas passadas, desde o momento em que fomos criados e nos soltamos da massa primordial divina, como se fosse uma "caixa preta" de avião;

- nossa cabeça física recebe o macerado de folhas – sumo – no amaci, que é potencializado etereamente no ritual dramatizado por meio de cânticos, ladainhas e palavras de imprecações magísticas, que são atos propiciatórios para os espíritos-guias manipularem adequadamente o axé vegetal – prana verde. Todavia, nossa cabeça física é o receptáculo desse rito iniciático, mas o Ori, como matriz etéreo-astral da consciência, é quem o "recebe", aufere os fluidos mais sutis oriundos de todo o ritual do amaci;

- o núcleo intrínseco do Ori (Ipori), que é o fulcro central vibratório do espírito, simbolicamente foi modelado a partir de uma massa cósmica primordial, que se soltou de um Todo Criado Eterno, que é Deus, como um sopro divino num braseiro, que faz desgarrar-se uma chispa;

- nosso potencial divino imanente é sempre direcionado para o bem e para o amor. Ações que contrariam isso nos afastam, "atrasando" a evolução e, por vezes, causando efeitos que entendemos como sofrimento. A ética e a moral cósmica foram depositadas em nós como uma chama, que pode se tornar "invisível" se nos macularmos, como um lampião cheio de fuligens; ela é símile à massa primordial geradora, assim como uma gota do oceano contém os seus princípios minerais, mas difere-se dele.

O conceito de amor e bondade, de caráter benevolente e moral, surge – ou deveria surgir – conforme nos espiritualizamos e fortalecemos nosso Ori à luz da educação da consciência sob as Leis do Cosmo. Temos o livre-arbítrio, que é muito mais amplo que o mero poder de escolha e nos acompanha como "procuração", com amplos poderes de semeadura, sendo a colheita obrigatória. Desde que adquirimos o primeiro lapso de consciência, adquirimos também o direito de uso do livre-arbítrio, que, infelizmente, pelo nosso primarismo egoico, pode nos aprisionar em nós mesmos. Estamos querendo dizer que nem sempre o livre-arbítrio nos conduz a ter um bom caráter, o que, por vezes, "arruína" nosso destino em uma encarnação, enredando-nos na teia cármica retificativa, que nos coloca no prumo forçosamente, doa a quem doer, eis que não existem privilegiados para Deus. Todas as nossas ações, norteadas pelo livre-arbítrio, ocasionam consequência boas ou más em nosso destino, que é costurado a cada segundo de nossa existência, sem determinismo rígido, pois somos frutos de nossas próprias opções.

Claro está que nosso direito de ação vai até onde não afetemos o direito do outro. O culto a Ori na Umbanda deve nortear-se por um processo profundo de autoconhecimento psicológico, em que cada um procura descobrir em si suas potencialidades divinas "adormecidas", para que nos tornemos melhores cidadãos, homens e mulheres de bom caráter, espíritos amorosos e conscientes das Leis Divinas. Infelizmente, muitos médiuns e sacerdotes buscam na fé dos outros e na confiança que depositam neles como condutores de almas o mero ganho financeiro, riquezas, reconhecimento, elogios e pompas, criando em torno de suas comunidades-terreiros um verdadeiro escambo espiritual, que nada tem a ver com o sagrado.

Esquecemos com facilidade que não podemos adquirir aquilo que não está em nosso destino ou programa de vida se não tivermos merecimento. Nenhum ser é igual a outro e ninguém pode nos dar aquilo que não nos é de direito. Nenhuma divindade, santo, Orixá, guia, pastor, mago, feiticeiro nos dará milagrosamente aquilo de que nosso Ori não precisa, em conformidade com a justiça cósmica e com o destino traçado aos pés do Criador, o qual pedimos e aceitamos de joelhos. Nosso próprio Ori não o permitirá, e, acima dele, só Deus – Oludumare.

Exu: princípio dinâmico da individuação e da existência individualizada

Para que compreendamos Ori, Eledá e a coroa mediúnica composta pelos nossos guias e falangeiros (trataremos desta última num próximo capítulo), é imprescindível a análise de exu no sentido oculto, metafísico, esmiuçando seus fundamentos cósmicos e seu real papel em nossas existências. Exu é um aspecto divino, literalmente atributo de Deus, e não se opõe ao Criador como o diabo das religiões judaico-cristãs. Talvez esteja aí o nó górdio, a metáfora insolúvel na perspectiva da aculturação eclesiástica das massas populares que se instituiu no Brasil, pois a cultura original africana, especificamente a nagô, a religiosidade aborígene dos iorubás, não é maniqueísta, não existindo a dualidade entre o bem e o mal na Criação. Em verdade, o bem e o mal não existem, são frutos da consciência, que percebe ou não as circunstâncias à sua volta sob esse olhar, eivado de culpas, pecados e sentenças infernais. Obviamente, existem Leis Cósmicas reguladoras de nossa evolução que preveem equilíbrio em todo o sistema universal, independentemente de dogmas religiosos terrenos – causa e efeito, ação e reação, livre-arbítrio, merecimento etc.

Na realidade, exu é um "elemento" – se é que podemos assim defini-lo – dinâmico, constitutivo do universo, de tudo o que existe, criado, separado e diferenciado de Deus. Assim como a totalidade da Mente Cósmica Universal, exu não pode ser isolado e classificado em uma categoria particularizada, eis que em todos os locais, seja em que dimensão vibratória for, ele se encontra. Participa forçosamente de tudo o que é manifestado fora do imanifesto – Criador –, sendo o princípio dinâmico propulsor divino. Sem exu, todo o sistema cósmico seria estático, a luz das estrelas não chegaria aos nossos olhos, não haveria rotação nem translação dos planetas, o Cosmo seria um amontoado de "entulhos" inertes, parados.

No sentido mais restrito de nossas existências, exu é impulsionador (atributo da vontade divina) da diferenciação de nossos espíritos do todo indiferenciado que é Deus. Assim, é quem mobiliza forças para que uma parte do Todo se torne progressivamente mais distinta e independente – individuação –, diferenciando-se como parte separada e autônoma da totalidade cósmica, do Uno que é Deus, tornando-nos cada vez mais "unidades autônomas", como gotículas d'água que se soltam e ficam em suspensão no ar quando as ondas batem nos rochedos ou na areia da praia. Assim, nesse impulso propulsor de exu, vamos nos tornando únicos, diferentes uns dos outros, conforme estagiamos nos reinos mineral, vegetal e animal dos diversos orbes do universo. Se não fosse a força propulsora intrínseca de exu, não haveria o movimento de rebaixamento vibratório de nossas mônadas ou centelhas espirituais, não se aglutinariam os átomos do Plano Astral e não conseguiríamos ocupar um veículo adequado a esta dimensão – o Corpo Astral. E assim ocorre em todos os subplanos espirituais, com seus estratos de frequências afins, que existem, bem como seus habitantes, individualizados pela força – atributo divino – de exu.

Consideremos que o poder volitivo divino se expressa também pelos Orixás – aspectos diferenciados do próprio Deus –, que, por sua vez, fazem "par" com exu, assim como a polaridade positiva se equilibra com a negativa, tal qual o passivo se complementa com o ativo.

Oludumare – Deus – criou exu a partir dele mesmo, de maneira que exu existe em tudo e "reside" em cada ser individualizado.

No tocante ao mediunismo de terreiro, a vibração imanente de exu consiste em uma ação contínua, que soluciona, mobiliza, transforma, comunica, encontra caminhos apropriados e justos para que nosso destino seja concretizado em conformidade com seu planejamento, abrindo e fechando "portais" de acordo com as experiências específicas atribuídas a cada indivíduo em seu programa de vida, trazendo as mensagens tal qual carteiro preciso e incansável, do nosso subconsciente profundo (Ipori) para o consciente (Ori), indicando os caminhos necessários para realizarmos ações pelo nosso esforço pessoal.

Cada um de nós, indivíduos constituídos na criação divina, nascidos e reencarnados, tem em si a vibração exu. É um processo vital, equilibrador, impulsionado e controlado pelo nosso "guardião interno", com base na absorção e na restituição energética, sem a qual nosso Corpo Astral não teria força magnética centrípeta para se manter "acoplado" ao duplo etéreo e este ao corpo físico, em decorrência de suas emanações metabólicas sutis. Em contrário, haveria o desfalecimento geral orgânico – morte. Obviamente, a matriz eletromagnética astralina que envolve nossas auras, que, por sua vez, "contêm" o Corpo Astral, tem uma força motriz peculiar – exu –, que faz com que as moléculas do Plano Astral se aglutinem, aproximando umas das outras e "plasmando" o próprio Corpo Astral, que é o veículo afim de expressão de nossos espíritos – consciência – nessa dimensão. Podemos inferir que exu é a mão que pega o pincel e "joga" as tintas na tela em branco, dando-lhes forma. Sem ele, o quadro não seria pintado. Por isso o aforismo popular nos terreiros: na Umbanda, sem exu, não se faz nada.

No nascimento, um só espermatozoide, entre milhões, traz a carga genética – DNA – necessária para que o futuro corpo físico que habitaremos seja exatamente o adequado às experiências pelas quais, na condição de reencarnantes, teremos de passar. A força propulsora de exu "imprime" uma espécie de molde etéreo do corpo físico a ser formado, e, com base nisso, as divisões celulares começam; os processos de interface, até a mitose. Há que se dizer que existem ajustes feitos pelos mestres cármicos em conformidade com o "carrego" que os corpos Astral e mental – Ori – do reencarnante trazem de vidas passadas e que precisam ser trabalhados no atual plano de vida na matéria carnal.

Assim é exu, princípio dinâmico da individuação e da existência individualizada, tanto no macrocosmo, participando dos processos de gênese dos espíritos, quanto no microcosmo orgânico humano. Exu tem a função de desenvolver e expandir a existência de cada indivíduo, impulsionando-o à evolução, também no sentido de retorno ao Criador – "o Pai e eu somos um" –, como fonte inesgotável de bem-aventurança.

Existe um fluxo contínuo de distribuição e reposição de fluido vital que nos propicia saúde corporal e sanidade mental. Por vezes, isso é distorcido por atos magísticos negativos e ficamos fragilizados, tropeçando nas pernas, com passos trôpegos, inseguros e até acamados pela enfermidade que se instala. Nosso exu individual, vibração intrínseca que se manifesta positivamente na perfeita homeostase orgânica, fica abalado. Desse modo, são necessários certos preceitos e ritos para reajustarmos o equilíbrio de nosso sistema interno – psicobiofísico e, por vezes, mediúnico –, e, nesse momento, os falangeiros, nossos abnegados guias e protetores espirituais, agem, se for do nosso merecimento, junto com as entidades exus, corrigindo o desequilíbrio, doa a quem doer. Eis que o maniqueísmo do bem e do mal não existe quando exu age restituindo o que foi tirado injustamente.

Objetivamente, exu tem a função de equilibrador de todo o sistema cósmico, desde o macro até o micro, como bem diz um provérbio: "ele fica em pé em cima de uma formiga". Assim, quem deve, paga, e quem merece, recebe, nem um centavo a mais ou a menos; exu sempre quita as dívidas. Para uns, ele é sinônimo de caminhos abertos, para outros, pode ser de porteiras fechadas, mas sempre dinâmico e atuante.

Diante de tudo o que expusemos até aqui, podemos concluir que exu, em seu sentido metafísico e oculto à maioria das massas – presas no imediatismo do intercâmbio mediúnico com espíritos que dizem ser exu, mas não o são verdadeiramente, pois, para aqueles que presumem saber como ele é, exu não se mostra, e, para aqueles que são convictos de que ele não existe, ele aparece, assim como carrega o azeite do mercado numa peneira –, é um aspecto imanente do próprio Deus – Oludumare – e que todos os seres vivos, do Orum ao Aiye, do imanifesto ao manifesto, do imaterial ao material, indistintamente, todas as porções – partes – que se soltaram da totalidade cósmica, espíritos criados, só podem existir pelo fato de possuírem em si a vibração de exu.

Exu, como princípio da vida individual humana, seu elemento catalisador e dinâmico, é conhecido como obara ou bará oba + ara – senhor do corpo.

Se cada ser criado não tivesse em si exu, não poderia existir, eis que não teria força propulsora para se individualizar. Por isso, na Umbanda, diz-se que exu é o agente mágico universal.

Claro está que, se exu atua na condensação energética para que os espíritos estagiem e "vivam" em frequências vibratórias de alta densidade como a humana, por meio da força intrínseca que forma os corpos e os veículos adequados, também ocorre o contrário: quando "morremos", "forçam-nos" a ficar na encruzilhada vibracional com a qual temos afinidade e direito de estar, consequência do "peso específico" do nosso Corpo Astral, que se liberta do carnal sendo atraído para o endereço que lhe é morada de direito. Exu faz esse movimento, essa comunicação, como uma encomenda que sai do remetente e chega ao destinatário.

Então, exu é "proprietário" da força, o princípio e poder de realização. É ele que dá o impulso para a diferenciação dos seres criados, adaptando-nos a cada plano vibratório, do mais sutil ao mais denso e vice-versa.

Eis que tudo o que sobe, desce, e tudo o que abre, fecha. Assim é exu.

O trabalho dos
exus falangeiros: espíritos

Entendemos que as entidades que atuam como exus são como guardiões de nossos caminhos (nossas encruzilhadas cármicas). A vibração dessa linha atua numa faixa de retificação evolutiva, fazendo que, muitas vezes, sua atuação seja confundida com o mal, o que não é de forma alguma verdadeiro. Se um exu atua numa faixa de correção, possivelmente, no escopo de seu trabalho, alguém sofrerá alguma mazela por puro efeito de justo retorno. Por exemplo, pessoas que foram muito ricas e despóticas em vidas passadas, na atual encarnação encontrarão dificuldades para o ganho financeiro. Nesses casos, exu não facilitará em nada essa situação, agindo dentro de uma linha justa de intercessão. E se a criatura fizer um trabalho de magia negativa para conseguir um emprego, prejudicar alguém e o prejudicado procurar um terreiro de Umbanda, pode-se ter certeza de que o contratante do trabalho terá como retorno todo o manancial cármico que distorceu, intensificado por um justo mecanismo de compensação cósmica, que foge ao nosso controle. Então, o que acontecerá depois será determinado por Xangô (a justiça); cabe a exu apenas executar sua ordem à risca. Parece duro, mas aprendemos, com o tempo, que as coisas funcionam desse modo, independentemente do que se entende como exu.

Os espíritos que manejam e atuam na vibração de exu são calejados nas lides e na psicologia da vida, e desprovidos de sentimentalismos na aplicação da Lei Cármica. Entendemos que, sem essa vibratória, o planeta seria uma barafunda, e os magos do Astral inferior já teriam instalado o caos na Terra.

Há de se ter bem claro que exu não faz mal a ninguém, ao menos os verdadeiros exus. Quanto a espíritos embusteiros e mistificadores que estão por aí, encontram sintonia em mentes desavisadas e sedentas por facilidades de todas as ordens.

Os exus atuam diretamente em nosso lado sombra e são os grandes agentes de assepsia das zonas umbralinas. Em seus trabalhos, cortam demandas, desfazem feitiçarias e magias negativas feitas por espíritos malignos em conluio com encarnados que usam a mediunidade para fins nefastos, auxiliam nas descargas, retirando os espíritos obsessores e encaminhando-os para entrepostos socorristas nas zonas de luz no Astral, a fim de que possam cumprir suas etapas evolutivas em lugares de menos sofrimento.

Assim é exu: por vezes incompreendido, outras, temido, tantas vezes amado, mas sempre honesto, alegre, feliz, direto no que tem a nos dizer e incansável combatente da maldade que o próprio homem alimenta no mundo.

A ambiguidade de Pedro, que amava o Mestre, mas o negou três vezes, é emblemática e simboliza a nossa hesitação diária diante da internalização do Evangelho, pois rejeitamos seus ensinamentos morais diariamente. Jesus o advertiu, antevendo os caminhos que iria percorrer negando-o. Não é diferente nossa ambiguidade existencial, projetada pelo nosso imaginário para a vibração de exu, que é a Lei Cósmica retificadora, fazendo-nos seguir o nosso destino, planejado antes de reencarnarmos. Exteriorizamos o caráter duvidoso de nossos comportamentos equivocados - nosso lado sombra, que almeja as portas largas das facilidades - visivelmente nos pontos cantados de exu nos terreiros, que descrevem a atuação atemporal – entre as reencarnações sucessivas – do movimento "organizador" e "desorganizador" da Lei de Causa e Efeito.

Ocorre que, quando tentamos "organizar" as coisas com egoísmo, olhando os nossos interesses particulares, julgando o outro, sentenciando como se deve agir, o que é imperfeito ou perfeito, impondo padrões de conduta de acordo com aquilo que nos agrada, acabamos desorganizando o equilíbrio da "teia" que nos liga uns aos outros por arbitrarmos valores de conduta como se juízes fôssemos, desrespeitando a Lei Divina. Nesse sentido, exu é a vibração do Criador que é o reflexo da ação e reação cósmica numa linha de retificação cármica, "doa a quem doer", colocando as coisas nos devidos lugares, pois não se prende a julgamentos, fruto de interesses humanos e do senso moral de uma religião, doutrina, teologia, culto ou época particularizada, até, finalmente, alcançarmos certo estágio de evolução, no qual ninguém ficará devendo nada a ninguém e não teremos credores batendo em nossas portas. Para isso, exu nos conduz durante o tempo em que ficamos na matéria e no vento, que é um mero suspiro de uma encarnação.

Observamos que muitos pontos cantados são originários dos tradicionais provérbios em forma de rezas ou cantigas dos antigos africanos que lapidaram os pretos velhos nas senzalas, mantendo fortes resquícios da cosmogonia nagô iorubana. Assim, encontramos alguns ditados emblemáticos quanto à aparente ambiguidade de exu e que, sem dúvida, influenciaram e influenciam o imaginário popular das práticas mágicas.

Ólicos, em Nosso Lar dos espíritas ou em Aruanda dos umbandistas, e se surpreendem enormemente ao chegarem do lado de lá e as portas estarem fechadas.

Não por acaso, em algumas regiões do Brasil, exu é sincretizado com São Pedro, o "santo" que teria a chave da porta do Paraíso, especificamente com Bará Lodê, no batuque gaúcho. Estudemos cada vez mais, assim diminuindo o preconceito contra as religiões de matriz africana e contra a Umbanda.

Quando ele vai para a plantação de amendoim, encontra o quiabeiro

Nem sempre vamos colher o que estamos plantando, se o efeito não é gerado por uma causa justa. Podemos almejar riquezas e consegui-las, mas, se não tivermos uma boa cabeça com bons pensamentos, não exercitarmos ações de bom caráter ao darmos os passos em nossas vidas, se, no caminho, jogarmos sementes de discórdia, desonestidade, abuso, exploração, certamente não colheremos o que desejamos – encontraremos quiabo em vez de amendoim. O recado simbólico do provérbio é que, muitas vezes, desavença familiar, disputa entre sócios, quizilas, concorrência desleal, desonestidade, intrigas, traições, disputas e processos jurídicos "injustos" contra terceiros fazem até grandes impérios caírem, e, por si, não são sinônimos daquilo que almejávamos, o que acaba nos decepcionando; nós, pobres "vítimas" ao final de uma vida, como se fôssemos inocentes e não soubéssemos o que aconteceu.

Se ele se zanga, senta-se na pele de uma formiga

Ao contrariarmos a Lei Divina, nada será impossível ao Criador para nos colocar de volta no trilho do destino que é nosso de direito. A zanga é no sentido simbólico de que algo está errado, e não de punição. Sentar-se na pele de uma formiga nos diz que o plano tridimensional em que vivemos esconde verdades metafísicas que, se não compreendermos melhor, poderemos sofrer um efeito de retorno que aparentemente é ingrato, nos levando a questionamentos do tipo "Como pôde ter acontecido logo comigo?".

Quantos, muitas vezes, no meio da vida física, sofrem de câncer ou de alguma doença degenerativa que se "assenta" no organismo físico e cujas causas geradoras são pretéritas à atual existência, fruto de nossos abusos no campo dos vícios?

Ele vai no mercado e traz azeite numa peneira

Muitas vezes, nosso senso do que é certo, é errado, e do que é errado, é certo, pois "julgamos" com base em valores, crenças e preconceitos adquiridos que não são condizentes com a verdade da Lei de Reencarnação. Quando não acreditamos em nossas potencialidades por não conseguirmos enxergar nossos talentos internos, deixamos de ir ao mercado da vida, local onde trocamos talentos uns com os outros, cortando o destino programado de abundância e prosperidade – o que não significa riqueza material –, deixando o "azeite" escorrer pela peneira.

O óleo de oliveira é valioso e, nas religiões primevas, simbolicamente, quando ungido na cabeça, significava a presença de Deus. O corpo físico é a peneira que deixa vazar o Cristo interno para as superficialidades da vida ilusória e, pela nossa descrença, não retém a programação cármica para a qual fomos preparados antes de nascer. Não temos fé em nossas capacidades e em nossos dons internos por absoluta falta de autoconhecimento crístico, o que, consequentemente, torna impossível as realizações do espírito numa encarnação.

Ele amarra uma pedra na carga de alguém que tem o fardo leve e tira a mesma pedra de alguém que tem o fardo pesado

Ao nosso olhar estreito, quando exu coloca uma pedra em nosso fardo, parece uma injustiça, mas é a retificação para com nossos credores ocultos e, por vezes, nem tão desconhecidos assim. Lamentavelmente, hoje, a rede mundial de computadores está cheia de *sites* com trabalhos em nome de falsos "exus" para prejudicar e fazer mal aos outros. A intenção de tornar o fardo do outro mais pesado, desejando-lhe simplesmente o mal, vibrando inveja, ciúme ou cobiça, aciona o mecanismo da Lei de Retorno, e nosso fardo, que era inicialmente leve, torna-se pesado pelas afinidades nefastas que atraímos. Nesse sentido, os verdadeiros exus não são condescendentes com ninguém e, efetivamente, tiram e colocam as pedras em nossos fardos, dentro da Lei de Justiça Universal, doa a quem doer.

Tendo lançado uma pedra ontem, ele acerta um pássaro hoje

Aqui é descrita a atuação atemporal de exu, que nos "cobra", agora como agente aplicador da lei, o que fizemos ontem numa existência, e, se não for possível uma vida melhor na presente encarnação, que seja no futuro, que a Deus pertence. Quantas vezes "cai uma pedra" em nossas cabeças e não sabemos os motivos, lamuriando-nos diante dos obstáculos da vida? E, no mais das vezes, esquecemos facilmente o que de ruim fazemos aos outros nesta encarnação e que estamos enredados em finas cordas invisíveis, que vibram conforme as movimentamos, independentemente da noção maniqueísta de bem ou mal.

Ele faz o torto endireitar e o direito entortar

Mais uma vez, a "ambiguidade" de exu é só aparente. Um "torto" de consciência endireita-se numa reencarnação e, ao mesmo tempo, um que "desceu" com direitos para o corpo físico se entorta e volta com débitos. Tal é a Lei Divina em sua impessoalidade, equânime para todos pelo amor do Criador, que estabelece o livre-arbítrio e a liberdade de semeadura, cuja execução cabe a exu, retificando-nos a colheita obrigatória, catapultando-nos inexoravelmente à evolução, como "tridente", nos espetando para a frente entre as "labaredas" da existência carnal.

Agachado, com a sua cabeça ele alcança o teto da casa. Em pé, ele não é suficientemente alto para alcançar o teto

Quando levantamos a cabeça orgulhosamente, sem olhar quem está abaixo de nós, pisando nos direitos individuais em favor de nossos "direitos", não alcançamos nossos objetivos existenciais numa reencarnação. Ao contrário, quando temos humildade e respeitamos fraternalmente nossos companheiros de jornada evolutiva, podemos alcançar o "teto" da realização cármica na presente existência carnal.

A reflexão sobre exu que propomos, livre de fetichismos aviltantes, cultos exteriores, milagres salvacionistas e barganhas com espíritos, em verdade, é pensar em nós mesmos, em nossas condutas e modos de ser. Respeitemo-nos dentro das Leis Cósmicas e, acima disso, tenhamos profundo respeito pelos executores da Lei Divina em ação, os senhores exus.

Quanto à irradiação ou vibração sagrada exu, ela é responsável por levar e trazer, abrir e fechar, conduzir e movimentar toda e qualquer energia, fluido, axé ou prana entre as diversas dimensões ou planos vibratórios, "céus" ou "óruns", como queiram denominar essas outras esferas existenciais. Sem o aspecto sagrado exu, o universo seria estático, parado, inerte, e não teríamos evolução.

Quando fazemos uma oração a uma "divindade", "santo", guia, benfeitor espiritual utilizando nosso pensamento associado à vontade, o movimento quem dá é exu, independente do nome que derem a ele e se o conhecemos assim ou não, pois sua atuação independe de sabermos que ele existe e de nossa aceitação ou recusa, de crença ou fé, pois é uma realidade emanada de Deus na organização do Cosmo.

Concluindo este capítulo, lembremos que estamos todos inseridos na roda das reencarnações, ora aqui, ora do lado de lá. Mitos, lendas e tradições, crenças e cultos diversos ao longo da história devem ser continuamente reinterpretados dentro da lógica do momento em que vivemos – inclusiva, racional, verdadeira –, prevalecendo sempre a essência da Umbanda, o seu "núcleo duro" e central: a manifestação do espírito para a caridade.

O simbolismo da cruz e da encruzilhada: ação dos quiumbas nos cruzamentos urbanos e as descargas energéticas do terreiro

"E, se querem saber o meu nome, que seja este: Caboclo das Sete Encruzilhadas, porque não haverá caminhos fechados para mim." (Assim se identificou o espírito com a missão de fundar a Umbanda, por meio do médium Zélio Fernandino de Moraes, em 1908, numa sessão de mesa num centro espírita de Niterói – RJ.)

Quem de nós nunca viu um "despacho", o famoso "bozó" ou trabalho feito, em uma encruzilhada de rua? Muitos pensam ser coisa de "exu". Sem dúvida, exu está ligado aos entrecruzamentos dos caminhos, aos caminhos metafísicos, relacionados aos destinos individuais e coletivos.

O simbolismo da encruzilhada e, consequentemente, da cruz está presente em muitas religiões, sendo, assim, universal. O Mestre Jesus enalteceu e, ao mesmo tempo, popularizou a imagem da cruz, caminhando ao seu encontro, carregando-a e sacrificando-se nela pela humanidade, momento em que culminou a vivência do seu destino naquela encarnação (programa de vida como ser humano), que contemplava o seu calvário missionário redentor, objetivando nos deixar o sublime e libertador Evangelho.

A cruz, com seus quatro "braços que apontam para os quatro pontos cardeais", é símbolo de orientação no espaço, para que a jornada humana não seja perdida. O ponto de cruzamento entre a vertical e a horizontal simbolicamente significa o estágio da consciência que venceu a ilusão da matéria e começa a galgar outros níveis de compreensão espiritual, coisa que Jesus já tinha feito há muito tempo, antes de sua reencarnação terrena.

A encruzilhada, portanto, é um lugar de encontro, um momento de mudança de rumo, que leva a outro estágio espiritual ou, simplesmente, de uma situação existencial a outra. A vida nos coloca sempre em encruzilhadas, em que somos obrigados a escolher que atitude tomar, por isso se diz que é nas encruzilhadas que se encontra a construção dos nossos destinos. Assim, as encruzilhadas, isto é, os cruzamentos de caminhos, são espaços sagrados decorrentes do plano de vida de cada criatura, daí a responsabilidade e o respeito que se deve ter ao passar por qualquer uma delas.

O hábito arraigado no meio urbano, fruto das práticas mágicas populares, de se depositar oferendas para determinadas "entidades", com o objetivo de conseguir amor, dinheiro, imóveis, negócios, a popular abertura de caminhos, é realizado aproveitando-se da "inocência" das pessoas que, sem o devido conhecimento, não sabem que o que se conseguir assim será passageiro, transitório, fugaz. Em latim, a palavra encruzilhada é conhecida como *trivium*, significando aquilo que é trivial, que é efêmero.

Outro aspecto preocupante é o tipo de espírito atraído para uma oferenda com carne ou animais sacrificados, que ficam expostos em putrefação. São entidades dominadas por outras, calejadas nos entrecruzamentos do "embaixo", que são os submundos umbralinos, e que acham que ainda estão vivas num corpo de carne, sentem fome, sede, libido, necessidades fisiológicas como urinar e defecar, como se fossem humanos.

São servos dos piores tipos de obsessores, os ditos "senhores das encruzas do Astral inferior", que comandam verdadeiras hordas hipnotizadas, das quais, não raro, um ou outro escapa, se vinculando ao ofertante e passando a morar com ele, na sua casa, no seu trabalho, sentindo suas sensações, literalmente colado em sua aura. São os quiumbas mais baixos da escala, os famosos "rabos de encruza", que o exu guardião da Umbanda confronta diretamente quando atua nos entrecruzamentos vibratórios mundanos, que têm sua contrapartida terrena nas encruzilhadas urbanas, que, por sua vez, são pontos de entrega desse tipo de oferenda.

Em verdade, as encruzilhadas são escoadouros etéreo-astrais naturais, onde os exus guardiões da Umbanda descarregam vibrações no sentido de "desmanchar" e "decantar" certas energias enfermiças que a engira de passes e aconselhamentos no terreiro conseguiu transmutar em energias saudáveis no campo psíquico de cada consulente atendido, obviamente, em conformidade com o seu merecimento, para, depois, serem devolvidas aos pontos de força da natureza, em conformidade com a afinidade de cada vibração movimentada: ar, água, fogo, terra e éter.

Há que se considerar que, na Umbanda, diferentemente de outras formas de mediunismo mentalista, é exigido todo um preparo no manejo de "energias etéreas", que não podem ficar paradas no espaço interno do terreiro sob pena de alterar os pontos de força de imantação dos Orixás, como são seus assentamentos vibratórios e o próprio congá. Além do mais, a sutileza do perispírito dos Guias

Astrais, caboclos e pretos velhos, é naturalmente antagonista desse tipo de vibração densa, e, se ficar algum resíduo, provavelmente teremos quebra de corrente ou instabilidade nas incorporações mediúnicas. Não por acaso, a cada sessão pública de caridade, o zelador ou chefe de terreiro refaz as firmezas energéticas, trocando os elementos e consagrando novamente os campos de força por meio de palavras propiciatórias de encantamento.

As encruzilhadas são lugares simbólicos de reflexão para escolha dos caminhos que temos de seguir, mas também são lugares naturais, de intenso fluxo de pensamentos profanos, que têm serventia magística para que os exus, que atuam sob a égide da Lei de Umbanda, se desvencilhem das negatividades por nós criadas ou atraídas em determinadas situações de nossas vidas: doenças, obsessões, enfeitiçamentos, mau-olhado, quebranto, inveja etc.

Outro aspecto profundo e, infelizmente, ainda oculto e mal compreendido, relacionado às encruzilhadas, é o equívoco de as mesmas só serem associadas aos cruzamentos urbanos. Em verdade, as encruzilhadas são realmente uma representação simbólica de algo muito maior: os entrecruzamentos vibratórios dos próprios Orixás e a atuação deles de acordo com o merecimento, momento existencial e livre-arbítrio de cada um de nós. Se os Orixás são vários e estão ligados aos elementos planetários e aos pontos de força da natureza, seus correspondentes entrecruzamentos etéreo-astrais representam um universo abundante e de infinitas possibilidades para todos.

Quando o Caboclo das Sete Encruzilhadas disse que, para ele, não haveria caminhos fechados, quando Ramatís afirma que as potencialidades de Deus dormitam em nós e reforça o convite de Jesus para fazermos brilhar a nossa luz, vemos como a Umbanda é uma religião próspera, que nos convida a assumir essa abundância em nós. Em cada local criado por Olurum que se expressa em nossa natureza planetária, há contrapartidas energéticas que se entrecruzam num manancial de fluidos em movimentos inimagináveis a olho nu.

Certa feita, durante o sono físico, um espírito exu feminino se apresentou com o nome Bombogira das Águas, dizendo-me que estaria ali para fazer um trabalho bioenergético com as pessoas que haviam sido atendidas horas antes no terreiro, por sua vez, também desdobradas[2]. Tais consulentes foram conduzidos por esse espírito a um sítio vibratório, um rio que se formava da queda de uma cachoeira, e me vi incorporado pela entidade em desdobramento astral, sendo o meu Corpo Astral, fora do corpo físico, tomado pela Bombogira num perfeito acoplamento áurico entre ambos. Nessa experiência, escutava as cantorias de louvação a Oxum com os toques dos atabaques, a entidade dançava por cima das águas e rodava sua saia, da qual saíam raios iridescentes, formando redemoinhos coloridos sobre a superfície do rio. Os consulentes, também desdobrados durante o sono físico, passavam pelo meio desse imenso vórtice energético, saindo mais "luminosos" (antes estavam pardacentos), com suas cores astrais mais vivas, e, ao mesmo tempo, uma água preta escorria rio abaixo, encaminhando-se lentamente para as margens, onde se localizam as lamas decantadoras de Nanã.

Refletindo sobre as encruzilhadas, creio que realmente sejam uma representação simbólica de algo muito maior, que são os entrecruzamentos vibratórios dos próprios Orixás e a atuação dos falangeiros de acordo com o merecimento, o momento existencial e o livre-arbítrio de cada um de nós. Se existem vários Orixás, seus entrecruzamentos representam um universo abundante e de infinitas possibilidades para todos.

Vejo como a Umbanda é uma religião de profundos fundamentos e como ela nos convida a assumir um processo interno de espiritualização, gerando prosperidade e abundância em nós, tornando

---

[2] Desdobramento espiritual é o nome que se dá ao fenômeno de exteriorização do corpo espiritual ou perispírito, também chamado Corpo Astral. O perispírito, ainda ligado ao corpo físico pelo duplo etéreo, distancia-se dele, fazendo agora parte do mundo espiritual ou Plano Astral, ainda que esteja ligado ao corpo por fios fluídicos e pelo cordão de prata. Esses fenômenos naturais repousam sobre as propriedades do perispírito.

nossos passos mais firmes nas encruzilhadas da vida, que perpassam o destino a que somos guindados; inevitavelmente, da ameba ao homem, do homem ao anjo e, finalmente do anjo ao arcanjo. Afinal, todos nós somos viventes no oceano cósmico dos Orixás, irradiações divinas.

Mojubá senhor dos caminhos Laroiê Exu. Salve, salve Exus do Lodo: entenda o trabalho deles!

Tendo dito isto, Jesus cuspiu na terra, e com a saliva fez lodo, e untou com o lodo os olhos do cego. E disse-lhe: Vai, lava-te no tanque de Siloé (que significa o Enviado). Foi, pois, e lavou-se, e voltou vendo. *(João 09:06-07).*

Um exemplo de exu entidade, que tem, para os zelosos das doutrinas puras, um nome polêmico, são os denominados exus do lodo. Energeticamente, os espíritos comprometidos com o tipo de trabalho que chancela esse nome atuam entre dois elementos planetários: terra e água.

Se misturardes um pouco de terra com água, tereis lama, o lodo. Essas entidades agem segundo o princípio universal de que semelhante "cura" semelhante: transmutam miasmas, vibriões etéreos, larvas astrais, formas-pensamentos pegajosos, pútridos, viscosos e lamacentos, entre outras egrégoras "pesadas" de bruxarias e feitiçarias do Astral Inferior, que se formam nos campos psíquicos (aura) de cada consulente, em suas residências e em seus locais de trabalho, desintegrando verdadeiros lodaçais energéticos, remetendo-os a locais da natureza do orbe que entrecruzam vibratoriamente a terra e a água: beira de rios e lagos, encostas de açudes, entre outros locais em que há lama e lodo. Por isso, o ato ritualístico em alguns terreiros de jogar um copo de água na terra (solo) para fixar a vibração magnética da entidade no momento da sua manifestação mediúnica (elemento que serve de apoio para a imantação vibratória das energias peculia-res à magia trabalhada).

Boa noite para quem é da noite! O que acontece na hora grande (meia-noite)?

A hora grande – zero hora ou meia-noite – é um horário de transição, em que é feita a troca da regência de um dia para o outro, assim como é o momento de ápice da noite ou maior afastamento da luz solar. A partir desse instante, energias deletérias definham, são negativadas e entregues nos pontos de decantação da natureza até a virada do dia. Se é para "crescer" e potencializar, certos tipos de magnetismo, como o lunar incidindo sobre o aquático e o eóli-co, são proveitosos após a meia-noite, e os trabalhos astrais de po-sitivação energética se realizam após a virada (novo dia), pois o dia começa a nascer, a noite, a morrer, e o Sol se aproxima novamente, não mais se afasta.

É de bom costume magístico que encerremos as giras de cari-dade antes da meia-noite. Exu é o que mais atua na hora grande – antes, durante e logo depois da meia-noite –, para entrarmos já no novo dia com as energias renovadas, transportadas e comunicadas a cada entidade zeladora dos pontos de força astral dos Orixás. Então, certas cerimônias e rituais devem respeitar as horas do dia ou da noi-te e o magnetismo peculiar a cada ciclo de 12 horas, dependendo da finalidade a que se propõe e da afinidade do fluido a ser manejado.

Compartilhamos alguns fundamentos de manejo energético, descargas e decantações que todo dirigente e médium magista deve conhecer e saber como proceder; entrar e sair de certos campos magnéticos com o devido escudo de proteção e cobertura astral, garantindo-lhe harmonia psíquica e sanidade mental e espiritual.

Umbanda tem fundamento. Tem que estudar, praticar e saber preparar.

LAROYÊ!

Coroa mediúnica, guias e falangeiros

Talvez nos tornemos um tanto repetitivos nos conceitos, mas é necessário para fixá-los em nossa compreensão. Diz uma historieta integrante da rica e vasta mitologia iorubana que, na fabricação dos homens, não bastou o sopro vital de Olurum (Deus) para infundir-lhes vida. Corpo e alma não eram suficientes; era preciso infundir uma personalidade em cada ser humano. Assim, foi chamado um velho oleiro, já cansado, para fabricar as cabeças de argila (duplo no Plano Espiritual), capazes de dar aos homens a individualidade e diferenciá-los uns dos outros por toda a sua existência. Ocorre que Ajalá – este era o nome do oleiro – era meio distraído e cansado, o que fez com que as misturas e os moldes, bem como o tempo de cozimento, não saíssem perfeitamente iguais, e algumas cabeças ficaram com defeito.

Assim se explica a diversidade de carismas humanos, os temperamentos e as predisposições diferentes de cada indivíduo, decorrentes da sua cabeça – Ori –, ou subconsciente profundo. Poderíamos denominá-la como "cérebro" anímico, núcleo vibratório propulsor intrínseco do espírito, que tece o seu destino em cada reencarnação, o seu programa de vida humano, aquilo que tem de trabalhar e melhorar para robustecer um bom caráter numa vida terrena, por sua vez auferindo contínuo retorno nas reencarnações sucessivas, atreladas à Lei Universal de Causa e Efeito.

Obviamente, sendo cada cabeça única e cada consciência incomparável, tendo cada espírito uma história pregressa causadora de efeitos presentes e, a partir daquilo que fizermos hoje, impactos futuros, cada um de nós terá influência dos Orixás sobre nossas "cabeças" com especificidades individuais, em maior ou menor grau, dependendo dos atributos psicológicos que temos de trabalhar, minimizando uns e fortalecendo outros, os quais, por sua vez, estão irremediavelmente atrelados às irradiações divinas que entendemos como aspectos do Criador, os sagrados Orixás.

Na Umbanda, o principal e mais conhecido – não o único – culto a Ori se chama amaci, que é um nome de origem nagô. É o ritual de lavagem das cabeças com folhas maceradas, objetivando o fortalecimento do tônus mediúnico. Podemos ter amacis e preceitos específicos, em conformidade com o Eledá – acomodação das vibrações dos Orixás no médium. Isso requer que o dirigente tenha habilidade de "rastrear" e "mapear" adequadamente essas forças que interagem e influenciam o Ori. Tarefa difícil, muito séria e de profunda responsabilidade. Vamos por partes...

Tem um provérbio que diz: "os inimigos não querem que você sobreviva, mas o seu Ori trabalha para você". Ou seja, o nosso eu profundo, que pulsa em nosso inconsciente milenar, é resistente às intempéries de uma encarnação, pois ele é anterior ao atual corpo físico e sua personalidade transitória, e continuará existindo após a morte física. Continuamente, encontramos recursos internos, a propalada força interior, para nos adequarmos e nos ajustarmos às condições enfrentadas na vida, tanto para o fortalecimento de nossas reservas de energias psíquicas quanto para satisfazer a necessidade de integração com fontes de reposição de nossa vitalidade, nosso élan ou magnetismo pessoal. É o nosso Ori que nos individualiza, e o corpo físico é só uma "casca" ilusória que encobre o "recheio", nosso espírito imortal.

Podemos afirmar que esta essência real de cada ser, individualizada em cada encarnação, "aprisionada" numa roupagem ilusória ou personagem de uma vida, conhece nossas necessidades evolutivas e os "passos" que temos de dar nos caminhos e nas encruzilhadas que se apresentarão. E, nos acertos e desacertos, apresenta os indicadores que permitem a reorganização de nossos sistemas pessoais, energéticos, mentais, psíquicos e emocionais, bastando, para isso, que saibamos lê-los ou que tenhamos um "olhador" que o faça conosco. Esse "olhador" pode ser o dirigente espiritual do terreiro de Umbanda, que deve ter a destreza de manejo no merindilogun – o jogo de búzios –, com base nos signos da Sabedoria de Ifá.

A Sabedoria de Ifá é oriunda das religiões tradicionais africanas, ligada ao Orunmilá da religião iorubana. Com a vinda dessas culturas para o Brasil no período do tráfico negreiro, foram trazidos alguns sacerdotes (chamados babalawô no idioma iorubá). Essa tradição se manteve viva nas religiões afro-brasileiras, e, na Umbanda, paulatinamente vem se expandido. De forma notória, a Umbanda Esotérica deu grande impulso para a sedimentação da tradição dos babalaôs e da Sabedoria de Ifá.

O culto a Ori no sistema ético de Ifá, que preconiza um bom caráter para um bom destino, é um profundo sistema sagrado divinatório, empregado na África e nos países para onde foi disseminado para decisões de cunho religioso, espiritual ou social. No Brasil, sua forma mais conhecida é o merindilogun, o popular jogo de búzios. Nesse sentido, sobre a Umbanda, os conhecimentos e as tradições dos antigos Pais de Segredo – os babalaôs –, esclarece-nos Ramatís:

A Umbanda não é Espiritismo e, por isso, não pode prescindir da imagem de Oxalá e dos principais "santos" representativos dos Orixás da tradição africana. Os africanos, de onde a doutrina de Umbanda trouxe fundamentos, cultuavam os "senhores da Natureza" na forma de Orixás menores e maiores, de acordo com o seu poder e responsabilidade junto aos homens. Conforme o programa elaborado pela Administração Sideral há muitos milênios, cada coisa é substituída ou modificada no devido tempo do seu progresso natural, ou desuso comum. Assim, à medida que desaparecem dos terreiros os velhos babalaôs (Pais de Segredo), debilita-se a arte da magia africana pelo enfraquecimento do ritual de tradição.

Obviamente, se a Umbanda tivesse sido corporificada pelo Alto com a finalidade exclusiva de combater a magia negativa, ela também deixaria de existir, assim que fosse extinta a bruxaria. No entanto, ela é de finalidade mais ampla, atendendo às diversas modalidades de ascensão e esclarecimento espiritual dos seus adeptos, devendo restabelecer gradativamente esta sabedoria milenar, dos antigos e velhos Pais de Segredo.

Sobre os métodos divinatórios utilizados: o babalawô (Pai que possui o Segredo) é o sacerdote do culto de Ifá. Ele é o responsável por rituais e iniciações; todos no culto dependem de sua orientação e nada pode escapar de seu controle. Por garantia, ele dispõe de três métodos diferentes de consultar o Oráculo e, por intermédio deles, interpretar os desejos e as determinações dos Orixás: Opele-Ifá, Jogo de Ikins e Opon-Ifá, tábua sagrada feita de madeira e esculpida em diversos formatos - redonda, retangular, quadrada, oval -, utilizada para marcar os signos dos odus (obtidos com o Jogo de Ikins) sobre um pó chamado Ierosum. Irofá é o instrumento utilizado pelo babalawô durante o jogo de Ikin, com o qual bate na tábua Opon-Ifá com várias finalidades, entre elas, chamar a atenção de odu para si.

O Opele-Ifá, ou Rosário de Ifá, é um colar aberto composto por um fio trançado de palha-da-costa ou fio de algodão, do qual pendem oito metades de fava de Opele. É um instrumento divinatório dos tradicionais sacerdotes de Ifá. Existem outros modelos mais modernos de Opele-Ifá, feitos com correntes de metal intercaladas com vários tipos de sementes, moedas ou pedras semipreciosas. Esse é o jogo mais praticado por ser o mais rápido, pois a pessoa não necessita perguntar em voz alta, o que permite o resguardo de sua privacidade, e também é de uso exclusivo dos babalawôs. Com um único lançamento do rosário divinatório, aparecem duas figuras, que possuem um lado côncavo e outro convexo, e, combinadas, formam o odu.

O Jogo de Ikin é utilizado em cerimônias relevantes de forma obrigatória, ou igualmente de modo usual, cabe a cada babalawô o seu uso, sendo restrito e exclusivo aos mesmos. O jogo compõe-se de 16 nozes de um tipo especial de dendezeiro Ikin, que são manipuladas pelo babalawô com a finalidade de se configurar o signo do odu a ser interpretado e transmitido ao consulente. As nozes são colocadas na palma da mão esquerda e, com a mão direita, rapidamente o babalawô tenta retirá-las de uma vez com um tapa na mão oposta, no intuito de obter um número par ou ímpar de Ikins em sua mão. Caso não sobre nenhum Ikin na mão esquerda, a jogada é nula e deve ser repetida. Ao restar um número par ou ímpar, serão feitos dois ou um traço da composição do signo do odu que será revelado polo sistema oracular. A determinação do odu é a quantidade de Ikins que sobrou na mão esquerda. Isso será transcrito para o Opon-Ifá riscando-se sobre o pó do Iyerossún, que estará espalhado no próprio Opon-Ifá; para um risco, usa-se o dedo médio da mão direita, e, para dois riscos, usam-se dois dedos, o anular e o médio da mão direita. A operação deverá ser repetida quantas vezes forem necessárias, até obter duas colunas paralelas riscadas da direita para a esquerda com quatro sinais, formando, assim, a configuração do signo de odu.

O Oráculo consiste em um grupo de cocos de dendezeiro ou búzios, ou ainda réplicas destes, que são lançados para criar dados binários, dependendo se eles caem com a face para cima ou para baixo.

Os cocos são manipulados entre as mãos do adivinho e, no final, são contados para determinar aleatoriamente se certa quantidade deles foi retida. As conchas – ou suas réplicas – são frequentemente atadas em uma corrente divinatória, quatro de cada lado. Estas quatro conchas (ou búzios) caídas fazem um dos 16 padrões básicos (um odu, na língua iorubá); dois de cada um destes se combinam para criar um conjunto total de 256 odus. Cada um desses odus é associado a um repertório tradicional de versos (Itan), frequentemente relacionados à mitologia iorubá, que explica seu significado divinatório. O sistema é consagrado ao Orixá Orunmilá-Ifá, Orixá da profecia, e a exu, que, como mensageiro dos Orixás, confere autoridade ao Oráculo. O primeiro umbandista a escrever sobre Ifá no Brasil foi o sacerdote W.W. da Matta e Silva, conhecido como Mestre Yapacani, que já descrevia, em 1956, um dos inúmeros sistemas de Ifá em suas obras. Posteriormente, Roger Feraudy, babalawô (Pai de Segredo) de fato e de direito, também escreveu sobre os sistemas divinatórios em suas obras.

Após os esclarecimentos sobre os métodos divinatórios, voltamos ao culto a Ori, que objetiva nos conduzir a um processo interno de autoconhecimento, profundo e modificador, auxiliando-nos para que sejamos felizes aqui e agora, para que nos libertemos de culpas e recalques do passado, para que não temamos o futuro. Temos muitos bloqueios quanto à abundância e à prosperidade, e, por vezes, estamos desconectados da fonte universal, amorosa e provedora.

Por exemplo, até os dias atuais, temos marcado em nosso inconsciente coletivo que rico não entra no céu. Essa passagem do Sermão da Montanha, talvez o mais sublime discurso de Jesus inspirado na Consciência Crística, foi usada, numa maquiavélica arquitetura psicológica, pelo clero eclesiástico para criar o voto de pobreza, em que os fiéis davam tudo para a Igreja, muitos no leito de morte.

Foi assim que a hierarquia sacerdotal estabelecida em Roma ficou tão rica materialmente ao longo da história e, ao mesmo tempo, tão "pouco" pobre de espírito, ao contrário do que preconizou Jesus.

O sentido esotérico profundo do ser pobre de espírito significa o desapego sincero, natural, das coisas do mundo, do materialismo, da ostentação, do senso de superioridade de casta ou religioso, a simplicidade desinteressada; esses são os atributos dos pobres de espírito. Muitos de nós, em situações de progresso, de abundância em nossas vidas, que, por vezes, refletem ganho financeiro, achamo-nos culpados, que não temos direito, pois latejam em nossos subconscientes tantos séculos de uma teologia distorcida, uma vez que, em si, a riqueza na Terra é neutra, e o que vale são o bom caráter e o desapego. Obviamente, é mais valoroso, para a felicidade do homem, ser pobre de espírito, no sentido mundano, e rico de qualidades morais.

Em contrapartida, existem os pobres mundanos, que também são espíritos pobres, pois não adquiriram para si valores que os conduzam a ter bom caráter e respeito ao próximo, assim como podem existir ricos de posse de bens do mundo espiritualizados, caridosos e altruístas, verdadeiros homens de bem e, paradoxalmente, pobres de espírito, como prega o Sermão da Montanha.

Essa teologia distorcida respinga até os dias atuais na formação do pensamento religioso oriundo das doutrinas judaico-cristãs, formando cidadãos infantis e inseguros quanto ao progresso, à abundância e à prosperidade em suas vidas, tanto material quanto espiritualmente, pelo receio de falharem agora, ressonância inconsciente cristalizada do medo das penas futuras. E, obviamente, isso tem eco dentro da Umbanda, especialmente nos terreiros mais influenciados pelos valores do catolicismo.

Mas, afinal, o que é Ori?

Podemos afirmar que Ori é a partícula imortal, divina, de cada um de nós. Tem sua contrapartida ou morada física no meio de nossas cabeças, no entorno da glândula pineal, podendo também ser entendido como a mente extrafísica em toda a sua potencialidade, tendo em seu núcleo central – se assim podemos nos referir, numa linguagem tosca para algo um tanto complexo e metafísico – a mônada ou centelha divina. Então, Ori pode ser entendido como o "nosso" Orixá pessoal; na verdade, ele é o "eu sou", ou seja, nós mesmos, só que na sua essência luminosa, refulgente, pura, semelhante a Olurum.

Numa tentativa de entendimento mais abrangente, nosso Ori é formado por elementos, como se fosse uma matriz energética, no momento em que Deus nos criou. Em cada encarnação, é modelado um corpo físico, que nada mais é que essa matriz energética envolta no Corpo Astral – perispírito –, particularizada no processo reencarnatório. Essa matriz energética é única, nunca morrerá, e, um dia, o Corpo Astral "morrerá", o que os ocultistas chamam de segunda morte, e passaremos, a partir de então, a habitar planos vibratórios muito próximos e semelhantes à essência divina – sopro criador – que anima nossa mônada, centelha ou Ori.

Assim como não existe uma estrela igual à outra no universo, essa combinação da "química" cósmica que nos liga a um corpo físico, nossa estrutura metafísica entendida como Ori – mental subconsciente imortal –, definirá como reagiremos e nos comportaremos diante dos mundos físico, sobrenatural, religioso, psicológico e mediúnico, com sérios impactos em nosso equilíbrio psicobiofísico, na medida em que determina o nosso Eledá, ou seja, o conjunto específico de irradiações vibratórias que formam nosso Ori, particularizado numa encarnação, tendo influências centrífugas, de dentro para fora, de nós para o meio e para os outros, e centrípetas, do meio e dos outros para nós.

Os conceitos até aqui expostos estão intimamente ligados ao destino pessoal e à sua instrumentalização para a sua respectiva realização, o que o meio espiritualista entende como programa de vida ou planejamento encarnatório. Quando falamos em destino, o mesmo não significa determinismo, mas sim que existe um núcleo "duro" imutável e uma periferia "mole", que os nossos atos, dentro da relação de causa e efeito e do exercício do livre-arbítrio, podem estar constantemente alterando para melhor ou para pior, ocasionando caminhos abertos ou fechados, bem-estar, alegria e saúde ou infortúnio, tristeza e doenças.

Assim, podemos perceber o papel de Ori em nossas vidas, relacionando-o, em larga escala, aos nossos destinos pessoais. Sobre os sucessos e insucessos, bem como todo o plano de provas pelo qual teremos de passar – onde encarnaremos, em que raça, quem serão nossos pais, irmãos e primos, condição social, econômica etc. –, recebemos o roteiro no momento em que voltamos para a Terra e ocupamos um corpo de carne, conscientemente ou não. Obviamente, parte do que vivenciaremos terá sido escolha nossa e opção aceita pelo nosso livre-arbítrio, outras serão colheitas obrigatórias da semeadura livre a que temos direito e realizamos no passado, tudo testemunhado pelos mestres cármicos (babá eguns) do lado de lá, que nos assistem, devidamente anotado em nossas fichas cármicas e arquivado nos tribunais divinos.

Claro está que existe uma margem flexível, pela qual poderemos transitar em vida terrena, e outras "duras", as quais não poderemos alterar. Raramente escolhemos quem serão nossos parentes, bem como não conseguimos alterar nosso biótipo físico, mas podemos ter mobilidade social, para cima ou para baixo, dependendo de como utilizamos nossa inteligência, e, acima de tudo, é válido termos um bom caráter, pois riqueza e ascensão fazendo o mal ao outro põem a perder nosso programa de vida, e o nosso "destino" numa encarnação pode se complicar ainda mais.

Ainda entendemos sob um padrão ortodoxo e tradicional essa questão do destino e da evolução. A maioria dos espiritualistas, espíritas e religiosos judaico-cristãos crê no conceito de o espírito só "ganhar luz" depois de sofrer, pagar os pecados no purgatório ou no umbral, ou submeter-se aos argumentos irretorquíveis da catequização de doutrinadores, clérigos ou médiuns. No entanto, esquecemos que todos nós temos uma mesma quota de luz divina, sejamos nós inteligentes ou retardados, corajosos ou fracos, "santos" ou "diabos", homens lúcidos ou bêbados, mulheres castas ou prostitutas. Não há privilégios na criação de Olurum, pois Ele não distribui mais ou menos o sopro da vida, o ar divino que incendeia a chama vital ou centelha de seus filhos, visando distingui-los uns dos outros.

O homem, como espírito encarnado, não precisa evoluir para "ganhar mais luz" nem morrer fisicamente para sobreviver em espírito, pois já vivemos na própria carne a posse de nossa essência indestrutível, que irrompe como disposições psíquicas, talentos inatos e "dons" a serem lapidados. À medida que nos melhoramos, purificamos nossos corpos espirituais; exercitando o bom caráter, irradiamos mais luz ao redor, assim como a limpeza do lampião sujo proporciona maior alcance de seu raio luminoso.

Nosso Ori é indestrutível, motivo pelo qual "o homem foi feito à imagem de Deus", e Jesus, mais tarde, confirmou, ratificando: "Vós sois deuses!", ou seja, nós, encarnados aqui e agora, não precisamos esperar um futuro negociando e trocando com o Sagrado. Podemos iniciar a purificação de nossos perispíritos já, porque somos modelados pelo sopro e na luz do próprio Deus. Quando o homem se animaliza, ele adensa a sua vestimenta perispiritual, reduzindo a irradiação de luz, mas, na prática das virtudes e do bom caráter, adquirindo sabedoria, clareamos esse envoltório, expandindo o alcance de nossa luz interna, que jaz intocada.

Quanto à influência dos Orixás sobre o Ori, consequência da sensibilização sofrida antes de reencarnar, como o reflexo de um espelho, terá suma importância na consecução do plano de vida ou destino na presente encarnação. No culto a Ori na Umbanda, é vital o entendimento da composição dessas forças sagradas para o fortalecimento dos médiuns, e o seu levantamento pormenorizado é realizado pelo senso de observação do dirigente, que, ao longo do tempo, desenvolve extrema acuidade anímica para isso. O domínio do jogo de búzios, por meio da caída dos cauris ou conchas, serve como um preciso diagnóstico "radiestésico", mapeando a regência dos Orixás ou Eledá, apontando desníveis energéticos que podem ser corrigidos com mudanças de atitudes acompanhadas de alguns preceitos ritualísticos, amacis individualizados, banhos, certas oferendas e outros preceitos.

Para entendermos melhor a regência dos Orixás na cabeça de um médium, imaginemos a dinamite em abrupta explosão na rocha, causando uma onda de choque sonoro no sistema nervoso de quem a recebe com impacto, promovendo um deslocamento na estrutura celular do corpo físico. Assim, os sentimentos e as ações movidos pelo egoísmo e pelo desamor contra o semelhante perturbam as substâncias mais finas da estrutura atômica do Ori e, consequentemente, dos corpos Astral e físico, em decorrência da ressonância no meio ambiente próximo àquele que as emite, consciente ou inconscientemente, de forma intencional ou não, resultando no bloqueio vibratório da Lei de Afinidade em seu aspecto positivo e benfeitor.

Ainda que tenhamos a sensibilidade mediúnica exaltada para receber a energia dos Orixás, a fim de facilitar o nosso equilíbrio, como um edifício construído com consistente argamassa que sustenta os tijolos, pensemos que o efeito causado por nossos desequilíbrios emocionais constantes, oriundos dos maus pensamentos que emitimos como potentes golpes contra as paredes desse prédio, causam uma fissura na estrutura atômica de nossos corpos e chacras, ocasionando as mais diversas anomalias comportamentais e instabilidades na recepção da vibração dos Orixás, que ficam descompensados em nossas cabeças – Ori.

Em nosso psiquismo, estão registrados hábitos viciados de outrora, que serão refreados pelas energias contrárias dos Orixás, para que sejam possíveis o equilíbrio e a superação cármica, uma vez que somos espíritos reencarnantes e não recordamos de nossos atos pretéritos quando em estado de vigília. É como usar um sapato de numeração menor, com cadarço apertado.

Assim, certos aspectos comportamentais são aprimorados de acordo com a influência dos Orixás; por exemplo, o exaltado guerreiro de outrora que vem com Oxum de frente para "esfriá-lo", ou uma pessoa muito passiva e submissa que tem a irradiação de Ogum para "esquentá-la" e ativar-lhe a vontade "anêmica".

Se o psiquismo estiver saturado de energias positivas ou negativas, em abundância ou escassez, quentes ou frias, o ser encarnado poderá ter sérios distúrbios psíquicos decorrentes dos pensamentos desalinhados, os quais interferem na emotividade e causam sequelas nefastas quando somatizados, surgindo fobias, pânico, depressão, ansiedade, fascinações, obsessões e doenças diversas.

Resumindo: o médium sente com mais intensidade a influência dos Orixás de acordo com a proporção da regência de sua coroa mediúnica, ou seja, somos mais sensíveis a determinados Orixás que a outros. Como exemplo, apresentamos a regência da coroa mediúnica de um médium hipotético.

Orixás regentes	Demonstrativo hipotético de influência na cabeça (Ori) de um médium
Ogum	30 a 40% Orixá de frente
Oxum	15 a 20% Orixá adjunto
Obá (terceiro)	10 a 15% Orixá da esquerda
Omulu (quarto)	5 a 10% Orixá da direita

Teríamos, ainda, o Orixá do alto da cabeça, o padrinho da encarnação e a quem o Ori mais se aproxima em afinidade. Esse Orixá tem ligação com o signo de Ifá correspondente, e só pode ser diagnosticado com precisão por meio do jogo de búzios ou pela informação de uma entidade de fato incorporada e com real capacidade de leitura, o que não é comum nos dias atuais, em que a mecânica de incorporação não é mais inconsciente.

Os demais Orixás se "pulverizam", podendo alterar-se em determinados momentos de nossa existência, como em situações em que nos deparamos com um problema sério de saúde ou passamos por mudanças pessoais abruptas. Nesses casos, a regência do Orixá poderá ser alterada momentaneamente, prevalecendo a energia afim necessária ao momento cármico.

Há de se comentar o comprometimento cármico que a regência dos Orixás estabelece com os guias do "lado de lá". Existe uma correspondência vibratória com as entidades que assistem os médiuns, as quais, por sua vez, também estão evoluindo. Então, no caso do demonstrativo hipotético de influência apresentado, muito provavelmente o guia principal que irá amparar esse medianeiro e dele se servir será Ogum, embora isso não seja obrigatório.

Consideremos a sensibilização fluídico-astral recebida pelo médium antes de reencarnar, a qual foi detalhadamente planejada para funcionar como um "perfeito" encaixe vibratório para a manifestação mediúnica durante as tarefas caritativas, especialmente por se tratar da complexidade do mediunismo de terreiro.

Um dos maiores ensinamentos que o culto ao Ori nos dá é compreendermos melhor nosso universo interno e entendermos que aquilo que está fora de nós – macrocosmo – influencia o que está dentro – microcosmo –, e vice-versa. Mais que isso, o predomínio de pensamentos negativos, conforme o caso, gera e induz poderosos fluxos emocionais que percorrem cada indivíduo, afetando seu metabolismo particular e, por conseguinte, modificando o funcionamento de cada célula e o complexo neuroquímico gerado pelas glândulas ligadas a cada chacra.

Assim, não é difícil concluir que nosso Ori interfere em nossos pensamentos, que, por sua vez, se ligam e geram emoções, por meio das quais todos os seres se comunicam com seu cosmo orgânico interno e com outros seres em similitude de vibrações, dentro da máxima de que afim atrai afim.

Se tivermos uma imaginação boa, poderemos enxergar dentro de nós, assim como existe fora, todos os fenômenos da natureza e, consequentemente, dos pontos de força relacionados aos Orixás. Dentro de nós, às vezes chove, faz frio ou calor, temos tempestades e vendavais, por vezes tufões e terremotos, há dias em que estamos secos e, em outros, somos enchentes, ou temos trovoadas entre relâmpagos. Finalmente, também somos brisas mansas e frescas. Nosso manancial cármico subconsciente, que jaz impresso em nosso Ori, provoca ventos e chuvas, calor e seca, assim como todos os eventos que ocorrem naturalmente no planeta. Em nosso universo interno, temos correspondência, alterando positivamente ou, por vezes, instabilizando nosso psiquismo.

Especialmente os médiuns, notadamente os de terreiro, têm sensibilidade exacerbada com relação a essas forças internas ligadas aos elementos da natureza e aos Orixás, carecendo pontualmente de preceitos energéticos para se descarregarem, vitalizarem ou simplesmente se conhecerem, e, para isso, torna-se indispensável o conhecimento da regência dos Orixás no Ori, o que popularmente é conhecido como coroa mediúnica, ou singelamente Eledá.

Temos, enfeixados vibratoriamente, compondo nossa coroa mediúnica, os guias e falangeiros, espíritos que nos assistem nas tarefas no terreiro de Umbanda. Vamos esclarecer melhor isso voltando um pouco atrás e conceituando o que são Orixás sob o nosso ponto de vista teológico e doutrinário.

Etimologicamente, a palavra Orixá significa "a divindade que habita a cabeça" – Ori é cabeça, xá é rei. O termo Orixá faz parte da cosmogonia nagô irorubana, uma das diversas etnias africanas trazidas para o Brasil. Nos antigos Vedas, já aparece o termo Purushá como essência associada à cosmogonia universal. Nos textos sagrados do hinduísmo, Upanishads é o Ser Supremo, o Eterno, e contempla nosso próprio ser, de que é profundo conhecedor, a testemunha, a consciência pura, isolada dos sentidos em suas relações com a matéria. No esoterismo de Umbanda, faz-se a associação de Orixá como uma corruptela de Purushá, significando "Luz do Senhor" ou "Mensageiro do Senhor", tendo relação com a cabeça – Ori – de cada um de nós, pois nossa centelha ou mônada espiritual é igualmente chispa de luz do Criador Universal.

Podemos afirmar que os Orixás são aspectos vibracionais diferenciados da Divindade Maior – Deus. Assim o são porque cada um dos Orixás tem peculiaridades e correspondências próprias ao se rebaixarem e se fazerem "materializados" na Terra: cor, som, mineral, planeta regente, elemento, signo zodiacal, essências, ervas, entre outras afinidades astromagnéticas. Em verdade, em sua essência primeva, são altas irradiações cósmicas indiferenciadas, antes do rebaixamento vibratório até o plano em que vive a humanidade, propiciando a expressão da vida em todo o planeta.

Assim como é em cima, é em baixo. O ser humano é um microcosmo reflexo do macrocosmo. Não por acaso, o organismo físico em funcionamento contém todos os elementos planetários: ar, terra, fogo, água e o éter. Todos nós temos, a cada encarnação, a influência mais intensa de um determinado Orixá, a que podemos chamar de "Pai de Cabeça". Essa força cósmica, regente de frente, é conhecida como Eledá, responsável por nossas características físicas e psicológicas, de modo que refletimos os arquétipos ou as características comportamentais peculiares ao Orixá que nos rege. Os demais Orixás que nos influenciam são conhecidos como Adjuntós ou Juntós – adjuntos – e têm especificidades conforme a ordem de influência, da maior para a menor, em segunda, terceira, quarta e quinta estâncias, ou atrás e nas laterais esquerda e direita da cabeça, compondo o que denominamos na Umbanda como coroa mediúnica do médium.

Atuam ainda, na coroa do médium de Umbanda, os espíritos-guias e as entidades, que têm compromisso com a tarefa mediúnica abraçada no Plano Astral antes da reencarnação do médium. Os espíritos na Umbanda trabalham enfeixados vibratoriamente em linhas vibratórias, que, por sua vez, se organizam por Orixá, tema que aprofundaremos no próximo capítulo.

Na Umbanda, de maneira geral, não consideramos os Orixás espíritos individualizados em evolução, embora nossas irmãs das religiões afro-brasileiras entendam, majoritariamente, os Orixás como ancestrais divinizados, ou seja, espíritos que já encarnaram no passado e foram heróis em suas comunidades e nações, incorporando-os numa linha de ancestralidade remota. Na concepção teológica rito-litúrgica que predomina na Umbanda, os Orixás são energias criativas divinas de alta voltagem sideral, impossíveis de serem expressas e incorporadas pelo mediunismo de terreiro. Quem se manifesta pela mecânica de incorporação são os espíritos falangeiros dos Orixás, que trabalham agrupados por linhas, que, por sua vez, estão agrupadas pela irradiação de cada Orixá.

Contudo, em casos específicos, é possível incorporar a forma-pensamento de um Orixá, a qual é plasmada e mantida pelas mentes dos encarnados. Certa feita, durante uma sessão de preto velho, eu estava na abertura dos trabalhos, na hora da defumação. O congá "repentinamente" ficou vibrado com o Orixá Nanã, que é considerado a Mãe maior dos Orixás, e o seu axé (força) é um dos sustentadores da egrégora da Casa desde a sua fundação, formando par com Oxossi. Faltavam poucos dias para o amaci (ritual de lavagem da cabeça com ervas maceradas), que tem por finalidade fortalecer a ligação dos médiuns com os Orixás regentes e guias espirituais. Pedi um ponto cantado de Nanã Buruquê antes dos cânticos habituais. Fiquei envolvido por uma energia lenta, mas firme. Fui transportado mentalmente para a beira de um lago lindíssimo, e o Orixá Nanã me "ocupou" como se entrasse em meu Corpo Astral ou o interpenetrasse, havendo uma incorporação total. Vou explicar com sinceridade e sem nenhuma comparação, como tanto vemos por aí, como se a manifestação de um ou outro (dos espíritos na Umbanda *versus* dos Orixás em outros cultos) fosse mais ou menos superior, conforme o pertencimento de quem os compara a uma ou outra religião.

A entidade parecia um "robô", um autômato sem pensamento contínuo, levado pelo som e pelos gestos. Sem dúvida, houve uma intensa movimentação de energia benfeitora, mas, durante a manifestação do Orixá, minha cabeça ficou mentalmente vazia, como se nenhuma outra mente ocupasse o corpo energético do Orixá que dançava, o que acabei sabendo depois tratar-se de uma forma-pensamento plasmada e mantida "viva" pelas mentes dos encarnados.

No dia a dia dos terreiros, não é incomum nos referirmos aos enviados dos Orixás como o próprio Orixá. Então, um caboclo de Ogum, Oxossi ou Xangô é chamado, respectivamente, de Ogum, Oxossi ou Xangô.

Os Orixás cultuados no Grupo de Umbanda Triângulo da Fraternidade, do qual sou dirigente e fundador, que abrigam os espíritos ancestrais que se "acomodam" em linhas de trabalho, são os seguintes: Oxalá, Iemanjá, Xangô, Ogum, Iansã, Oxum, Oxossi, Nanã e Omulu. Esses Orixás formam a Coroa de Irradiação do Terreiro, disposta na forma de assentamentos vibratórios dentro do Espaço Sagrado, visível a todos e democratizados para o uso comum de toda a comunidade.

Temos ainda os Orixás individuais de cada médium, que compõem a coroa mediúnica pessoal, isto é, o Eledá e os Adjuntós. Podemos dizer que, associados ao Ori de cada medianeiro, se aglutinam os guias e guardiões espirituais, espíritos que são consciências, têm inteligência e compromisso de trabalho com o médium, que se farão manifestar por meio de mecânica de incorporação, irradiação intuitiva, inspiração, vidência, audiência e demais "dons" mediúnicos nas tarefas caritativas que foram combinadas no Plano Astral antes do reencarne do médium.

No Grupo de Umbanda Triângulo da Fraternidade, o "diagnóstico" e o "levantamento" da coroa mediúnica individual são realizados com a prática mediúnica no terreiro associada ao jogo de búzios – merindilogun. Para efetivar a bom termo essa "leitura", são

necessários, em média, de cinco a sete anos de pertença legitima-
da pela vivência interna templária, participando ativamente dos ritos estabelecidos em conformidade com o calendário litúrgico da
comunidade religiosa.

Médiuns proibidos de manifestar seus guias espirituais que se apresentam como caboclos, pretos velhos, exus, ciganos, boiadeiros etc.

O Grupo de Umbanda Triângulo da Fraternidade é uma organização religiosa que objetiva despertar a religiosidade nas consciências, num processo de religação com o Divino, com o Cristo interno
de cada ser, libertando-o dos dogmas, das crenças cegas e submissões
escravizantes às hierarquias sacerdotais dominadoras, tão comuns
nas religiões vigentes. Numa proposta de Umbanda espiritualista
universalista crística, eclética e convergente, agregamos elementos
de ritos e práticas litúrgicas desde o espiritismo kardecista, com palestras doutrinárias antecedendo nossas sessões, até os Orixás nagôs,
africanos, dispostos na entrada do nosso abacá – terreiro.

O espírita chega à nossa casa para assistir à preleção e tomar um
passe; o africanista nos procura para escutar o som dos atabaques e
dar sua incorporada com o toque e o canto peculiares ao seu Orixá
de fé durante nossas engiras. Entre um extremo e outro, temos uma
diversidade elástica de egos que frequentam nosso templo umban-
dístico. É um público frequentador diversificado, e convergem para
nosso templo multifacetadas individualidades que almejam o bem
-estar e a paz espiritual. Grande parte de nossos frequentadores são
espíritas trabalhadores de centros espíritas. Óbvio, não?! Mas qual o
motivo que os fazem frequentar um templo de Umbanda?

Muitos dos que vêm ao nosso terreiro, por vezes, estão na escola
de médiuns de centros espíritas tradicionais, e outros já são trabalhadores fixos na seara kardecista. Une-os a motivação que os faz nos

procurar: o fato de ser proibido manifestar seus guias nos centros que frequentam – não podem dar passagem mediúnica a caboclos, pretos velhos, erês, exus, ciganos, boiadeiros, baianos etc., então frequentam a Umbanda para se descarregarem, incorporam seus guias, dançam e se movimentam ao som candente dos atabaques, emocionam-se com o canto, que os toca no fundo da alma, ficam de olhos marejados com o cheiro das ervas, sentem disparar os batimentos cardíacos diante da exposição às essências odoríficas da defumação e assim aliviam o psiquismo oprimido pela proibição imposta às suas naturezas mediúnicas. Retornam aos seus labores espiritistas aliviados.

Como a Umbanda é um movimento mediúnico religioso do Astral para a Terra, os homens não conseguem interferir da Terra para o Astral, ou seja, independentemente da agremiação terrena a que se vincule, o médium terá os guias nas formas perispirituais de apresentação peculiares à sua herança espiritual, cármica, não importando sua vontade nem a de doutrinadores ou sacerdotes, pois já reencarnou com esse comprometimento e essa sensibilidade psicoastral manejada para esse fim. E, assim, as entidades de Umbanda, comprometidas com seus aparelhos, vão fazendo a caridade em diversas frentes, não se importando com as denominações terrenas ou particularismos religiosos.

Por que os médiuns umbandistas precisam incorporar seus guias para se descarregar, ao contrário dos médiuns espíritas? Os médiuns servem de verdadeiros escoadouros de energias deletérias, atraindo para seus chacras as vibrações densas de desencarnados e encarnados. Necessitam do contato fluídico dos Guias Astrais para se "limparem" adequadamente. Não são "meramente" mentalistas, e, se não tiverem o contato perispiritual com seus mentores, podem entrar numa fadiga fluídica e até adoecerem, pois não suportam as tarefas por muito tempo. Não é à toa que, na Umbanda, temos vários preceitos com ervas, elementos propiciatórios e contato com as forças da natureza no sentido de fortalecer e resguardar os médiuns.

E qual seria o motivo de esses médiuns continuarem nos centros que os proíbem de manifestarem suas entidades? Medo de assumirem uma tarefa mais árdua. Receio que os parentes não compreendam a opção e a acomodação, assim, frequentam secretamente o terreiro mais próximo e vão empurrando "com a barriga" suas mediunidades. Uma minoria fica nos centros espíritas por consciência, sabendo que seus caboclos, pretos velhos e exus beneficiam todo o agrupamento pela cobertura astral que dão nos trabalhos espiritistas. Ou alguém duvida disso? Será que nos centros espíritas não tem exu?

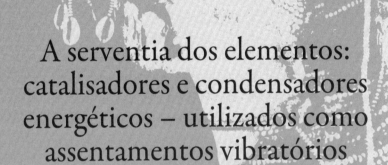

A serventia dos elementos: catalisadores e condensadores energéticos – utilizados como assentamentos vibratórios

A Umbanda é rica em rituais, repleta de simbolismos, significantes e significados. Cada elemento possui um direcionamento, uma serventia, que deve estar associado à intenção e à força mental na sua manipulação: a água é força vital magnetizadora, que atrai fluidos ruins ou bons; a bebida destilada tem grande alcance pelo seu poder de volatilização e várias utilidades magísticas; o sal descarrega e neutraliza energias ruins; o mel atrai doçura e "esquenta" as emoções; o azeite de dendê enceta vigor no ambiente. A parte litúrgica, a sequência e a ordenação dos ritos, os cânticos, as palavras de imprecação, encantamento e invocação têm várias finalidades no campo da saúde, da prosperidade, do fortalecimento espiritual e do equilíbrio emocional. Tudo isso tem valia se associado ao amparo e à cobertura dos Guias Astrais pelo canal da mediunidade, e é indispensável a todos os envolvidos, para o alcance dos benefícios buscados nos rituais praticados, exercitar as qualidades inerentes ao bom caráter, como perseverança, respeito, humildade, paciência, amor ao próximo e, principalmente, trabalho duro para atingir os objetivos almejados.

Tudo o que é feito na Umbanda depende do pensamento, seja de sensitivos encarnados, seja de entidades desencarnadas. O pensamento é força dinâmica, magnética como a gravitação, tem coesão e repulsão. Todo pensamento possui peso, forma, tamanho, estrutura, cor, qualidade e poder, com repercussão no plano etéreo-astral. Os pensamentos são como coisas, "materializam-se". Da mesma maneira que você entrega uma flor, uma laranja ou um livro a um amigo, também pode dar um pensamento útil. Ele é uma grande força; move-se, cria. Você poderá operar milagres com o poder do pensamento. Precisa saber a técnica certa de como manipulá-lo e usá-lo, e é exatamente isso que todo o ritual, com seus diversos elementos, objetiva na Umbanda. Existe a Lei do Pensamento, que diz: semelhante atrai semelhante. Os pensamentos são emitidos e magneticamente atraem coisas símiles que estão na mesma frequência vibratória. Nossa mente é como um aparelho de rádio; os pensamentos e sentimentos são como mensagens radiofônicas, e têm uma modulação de onda "eletromagnética". São transmitidos através do éter e captados por seres vivos ou "mortos" cujas mentes são receptivas a essas vibrações.

O que isso tudo tem a ver com os assentamentos vibratórios?

Tem muito a ver. Iniciar-se na Umbanda é um processo concreto e material, independentemente de ser espiritual. Não é só uma educação sobre rituais, liturgias, cantigas e consagrações, mas um processo dialético de objetivação e "apropriação" de forças sagradas, no qual as irradiações dos Orixás e de seus falangeiros vão sendo construídas, lapidadas, amadurecidas no psiquismo e concretizadas, nascendo paulatinamente no altar e no templo vivo que é o médium, por meio de seu corpo, suas emoções e sua mente. Podemos afirmar que o próprio médium também é um catalisador energético quando se encontra em transe, com todo o gestual característico dos estados alterados de consciência no mediunismo de terreiro. Mas, além do mundo interior psíquico dos médiuns, pela nossa desconcentração habitual, é preciso assentamentos vibratórios externos para que possamos aquietar e fixar nossas mentes e os pensamentos gerados, conectando-nos adequadamente com o mundo espiritual.

Quando falo do corpo, espero que compreendam que não falo somente da parte física, material da questão. Precisamos entender que temos mais de um corpo, temos os corpos sutis, etéreo, astral e mental. Eles são elos, e é partir deles que estabelecemos o nosso contato com o mundo dos espíritos e dos Orixás; a nossa conexão com os falangeiros espirituais irradiados e enfeixados por linha com os Orixás não ocorre somente pela manifestação, mas por pensamento, reza, fala, conversa, rituais, simbolismos, preceitos etc. Tudo isso gira em torno dos nossos corpos; sai e vem ao nosso encontro.

É sobre isso que procuraremos nos aprofundar neste capítulo. Um assentamento vibratório de Orixá é uma representação simbólica de uma força sagrada no espaço físico do terreiro de Umbanda. Podem-se utilizar imagens para representar um Orixá, mas o que terá valor vibratório serão alguns elementos, como folhas, minerais, líquidos, sementes e, principalmente, pedras ou cristais.

Há que esclarecer que um Orixá não é propriamente um elemento ou ponto de força da natureza, mas se "expressa" através deles. Assim, para os adeptos da Umbanda, sentir a brisa do vento em um dia de tormenta com raios significa "sentir" Iansã, olhar para uma pedreira é como estar admirando Xangô, ver o mar é, simbolicamente, apreciar Iemanjá, ouvir o chilreado de um pássaro na mata e uma cigarra a cantar é escutar Oxossi.

No aspecto interno dos terreiros umbandistas, é possível "materializar" essas forças, consagrando-as liturgicamente para fins de mediunismo caritativo. Acalmamos nossas mentes - assim como um católico olha uma imagem de santo, ou um hindu, uma divindade - ao visualizarmos um assentamento vibratório de Orixá, que pode ou não estar disposto no altar principal do espaço sagrado, que é o congá. Também pode estar resguardado em um local para acesso só dos adeptos, ou no Abassá – espaço público sagrado do terreiro.

Um assentamento vibratório não "prende" e muito menos "assenta" um Orixá, que é uma irradiação divina, cósmica e livre. Todavia, representa apenas a ligação vibracional entre dois espaços dimensionais que convivem lado a lado: o físico e o espiritual. É uma espécie de ponte ou portal entre dois planos de existência, abrindo canais de comunicação em que nossas mentes criam e potencializam energias o tempo todo no terreiro. Em verdade, não existe separatividade na religião de Umbanda, mas um simbolismo significativo para traduzir a ininterrupta e contínua união entre o mundo espiritual e o material, sendo este último consequência do primeiro.

Um assentamento vibratório é um centro ou ponto focal de poderosa influência magnética. O valor intrínseco de um assentamento vibratório de Orixá não está só na sua existência como instrumento ritualístico, mas, acima de tudo, no que ele representa: uma manifestação de fé, um elemento de ligação metafísica e um potente concentrador e dinamizador energético. O objetivo principal de um assentamento é potencializar a vibração do Orixá, "materializado" no duplo etéreo dos elementos arrumados e dispostos, devidamente consagrados e ritualizados, criando potentes campos de força que funcionam como verdadeiros portais, nos quais os espíritos-guias transitam se apoiando para se fixarem no espaço sagrado e, ao mesmo tempo, manterem adequadamente o intenso rebaixamento vibratório, que se impõe para se fazer sentir pelos medianeiros por meio da chamada mecânica de incorporação.

Nos assentamentos vibratórios dos Orixás se fazem as oferendas, não necessariamente oferendas de agrado, o que não é comum na Umbanda. Em verdade, não se precisa de um local específico para se oferendar a um Orixá, como no caso de um agradecimento por uma graça recebida, o que pode ser feito em qualquer local na natureza, com uma prece sincera e com sentimento elevado. Ocorre que tem todo sentido – sendo o assentamento vibratório do Orixá um ponto de ligação e potencialização com essas irradiações divinas – fazer preceitos de reforço ao Ori dos médiuns nesses locais consagrados no terreiro. Assim, em determinadas situações específicas, o dirigente prescreve os elementos e elabora o singelo rito para fortalecimento anímico-mediúnico do trabalhador, que poderá ficar deitado por algum tempo com a cabeça virada para o assentamento.

Há que se explicar adequadamente essa questão dos preceitos. Um preceito é um fundamento passado ao médium, que deve cumpri-lo rigorosamente como preceituado, para que tenha seus efeitos energéticos, magísticos e mediúnicos como se espera. Trata-se de um processo mais profundo de transmissão e reposição de axé – fluido vital ou prana –, em correspondências afins às vibrações dos Orixás que precisam ser acalmadas (esfriadas) ou excitadas (esquentadas) no psiquismo do médium, em seu Ori.

Assim, ao executar o preceito num assentamento vibratório, faz-se uma ligação com o duplo etéreo dos elementos utilizados, que, por sua vez, são "explodidos" com a utilização de alguns cânticos e palavras de encantamento, facilitando o manejo dos iniciadores astrais, os guias do terreiro em parceria com os guias individuais do médium, os verdadeiros operadores dos preceitos.

Logo, um assentamento vibratório de Orixá é uma ferramenta que agiliza, direciona e potencializa determinados fluidos, fazendo-os se dinamizarem, tornarem-se mais etéreos e, a partir daí, propiciando aos espíritos que trabalham enfeixados nas irradiações dos Orixás proceder a certas operações na delicada contextura do

Corpo Astral, duplo etéreo, chacras, nadis (formação de energia na forma de estreitos canais, nos quais o prana flui e pode se conectar aos chacras) e meridianos ("fios" condutores de energia entre os chacras e demais pontos vitais do corpo fluídico) do médium.

Um assentamento vibratório é feito de elementos materiais semelhantes em vibração à vibração original do Orixá. A finalidade da composição desse "ponto de força", de extrema importância magística por dentro do ritual e da Lei de Pemba na Umbanda, é estabelecer uma relação que traduza, no espaço sagrado do terreiro, a matéria etérica que o elemento tem, "traduzindo" a manifestação vibracional ou irradiação magnética do Orixá.

Conhecer essas relações e suas associações corretas umas com as outras é um aprendizado longo, prático e que exige verdadeira cobertura mediúnica dos guias astralizados. O principal elemento utilizado é a pedra ou o cristal do Orixá, pois é o catalisador genuíno, formado pela natureza, que tem longevidade de imantação e existência perene na sua constante irradiação magnética. Forças genuínas contidas no Otá – pedra – são "explodidas", expandidas e espargidas no ambiente etéreo astral durante cânticos, invocações, evocações e imprecações mágicas que acontecem nas reuniões rito-litúrgicas que estruturam o mediunismo de terreiro.

Há que se comentar que cada preceito individualizado feito em um assentamento vibratório de Orixá, ou em mais de um, dependendo do caso, exige profundo conhecimento do Ori do médium, da sua coroa mediúnica. Um preceito estabelece uma ligação única entre o indivíduo e as vibrações dos Orixás que compõem o seu Eledá ou coroa mediúnica, notadamente no tocante aos Orixás de frente e adjunto.

O processo de individualização, que é conduzido pelo chefe de terreiro, é previamente definido na arte divinatória de Ifá ou merindilogun – jogo de búzios – nos terreiros que adotam a divinação oracular, ou pela orientação segura de um Guia Astral de fato incorporado. Com base nisso, será elaborado o enredo de uma ritualística individualizada, composta também de liberadores vibracionais ou catalisadores energéticos; certos elementos materiais, como folhas, flores, sementes, grãos, líquidos etc., específicos para a carência ou o excesso energético do médium, tendo sido ele próprio preparado antes de reencarnar para ser um receptáculo vivo dessas vibrações – dos Orixás e dos falangeiros –, um templo divino único e incomparável, que constitui o caminho metafísico de ligação entre o seu psiquismo interno e o mundo espiritual.

Assim, é de suma importância o manejo adequado dos elementos, em conformidade com as energias e vibrações que precisam ser acalmadas ou excitadas, esfriadas ou esquentadas no Ori do sensitivo trabalhador, fortalecendo adequadamente seu tônus anímico-mediúnico, ampliando seu discernimento mental, propiciando mais clareza de raciocínio, para que ele possa entender melhor os passos que precisa dar nos caminhos que se apresentam em conformidade com seu destino – plano de vida.

Preferencialmente, na maioria dos terreiros de Umbanda, os assentamentos vibratórios dos Orixás são coletivos. Todos os médiuns são livres para, a qualquer momento, desligar-se do terreiro, não havendo necessidade de preocupação com posse de assentamentos individuais, fato mais comum em nossas religiões irmãs da matriz afro-brasileira.

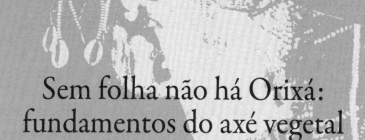

Sem folha não há Orixá: fundamentos do axé vegetal

A utilização de ervas e fitoterápicos como instrumentos de cura popular e amparo aos necessitados se faz mais presente em nossa própria medicina, que lhes confere mais importância. Nesse resgate dos conhecimentos milenares, a fitoterapia desponta. Ela é também originária da medicina ayurvédica, considerada como a mais antiga ciência da saúde, tendo surgido na Índia há cerca de 5 mil anos. Foi ensinada por milhares de anos nos templos das fraternidades iniciáticas, dentro da tradição oral de transmissão dos conhecimentos dos mestres para os aprendizes, assim como é na tradição africana; os "Pais de Segredo" transmitem o saber oralmente e de forma vivenciada.

Ayurveda significa literalmente "ciência ou conhecimento da vida"; é uma palavra com duas raízes sânscritas: *ayu*, significando "vida", e *veda*, "conhecimento ou ciência". O ayurveda teve origem nos Vedas, a mais antiga literatura do mundo, nos quais eram registrados

todos os conhecimentos que pudessem ser úteis à humanidade: enge-
nharia, física, astrologia, biologia, toxicologia, filosofia, teologia etc.

Esses conhecimentos iniciáticos são utilizados em rituais de
cura de doenças, promovendo bem-estar e saúde, paz e prosperidade, desde épocas imemoriais. Ao longo das eras, em diversas locali-
dades do planeta, sempre foi muito comum o uso de encantamentos,
essência de plantas, elementais – que são forças energéticas guardiãs
da natureza – do Sol e até da energia criativa do homem para fins
terapêuticos. As substâncias medicamentosas, em geral, eram usadas
sob forma de amuletos.

Após vários milênios de predominância, essa magia extinguiu-
se durante os séculos X e XII, quando o norte da Índia sofreu repe-
tidos ataques e invasões muçulmanas, que acabaram por destruir ou
incendiar bibliotecas e assassinar monges e jovens mestres iniciados.
Os conhecimentos ayurvédicos foram, então, levados ao Tibete e ao
Nepal pelos poucos mestres curadores que conseguiram escapar do
massacre. Hoje, raros textos são preservados na tradução tibetana,
pois muitos pergaminhos foram totalmente destruídos no interior
dos templos, dessa vez durante a recente invasão chinesa.

Atualmente, resgatam-se a arte e a ciência fitoterápica no mundo e, notadamente, nas religiões afro-brasileiras e naturistas, como
a Umbanda. Sob esse ponto de vista, cada criatura tem características próprias, como se fosse uma energia individual. Assim como a
mente, as emoções e os sentimentos são únicos e, ao mesmo tempo,
estão em permanente mutação. O meio externo muito influencia o
interno, atrapalhando nosso equilíbrio e ocasionando alterações na
constituição natural. Quando compreendemos os fatores que causam desequilíbrio, podemos eliminar as causas e voltar à constituição original. Equilíbrio é a ordem natural das coisas, e desequilíbrio
é a desordem; saúde é a ordem e doença é a desordem.

Nosso corpo, no conceito hermético, é um microcosmo, à semelhança do macrocosmo. Encontram-se em constante interação

os diversos campos energéticos que, interiormente, o constituem e, exteriormente, o cercam. Uma vez entendendo a natureza e a estrutura dessas correspondências, que devem estar em harmonia com o nosso Ori, poderemos restabelecer e manter o equilíbrio.

Os princípios da medicina africana, especialmente a iorubana, baseiam-se na composição energética do Ori e da regência dos Orixás. Todo ser humano é uma criação do Cosmo, com duas energias: energia masculina, ou positiva, e energia feminina, ou negativa. Nossa constituição energética estrutural é como se fosse resultante da combinação dos elementos da natureza: ar, fogo, água, terra e o éter. Esses cinco elementos se manifestam, representando nosso aspecto funcional. Essas forças estão presentes em todas as células, tecidos e órgãos de nosso corpo, em diferentes combinações e várias proporções, dependendo do programa de vida da atual encarnação e da consequente composição do Eledá – energias dos Orixás –, que se acomoda no "entorno" do Ori.

A saúde só é alcançada quando todas essas forças estiverem equilibradas. A fitoterapia é baseada em plantas e ervas. Esses princípios da natureza são organismos vivos, e suas estruturas são engenhosas. Suas propriedades farmacológicas e energéticas propiciam a cura, pois, vibratoriamente, são semelhantes e se encontram em correspondência com os quatro elementos e o éter da natureza e, consequentemente, com a vibração dos Orixás e do corpo humano, ocorrendo a ação profilática e curativa de forma natural. Esses princípios são muito utilizados, intuitivamente, pelas benzedeiras e pelos caboclos do interior de nosso país.

Na Umbanda, utilizamos, frequentemente, os batimentos com folhas e os banhos de ervas maceradas para o "descarrego", "limpeza" e fixação energética nos mais variados preceitos. Através das substâncias fitoterápicas contidas nessas plantas, projetam-se forças etéreo-astrais em frequência vibratória dinamizada pelos espíritos-assistentes, polarizam-se os chacras despolarizados e removem-se os miasmas e fluidos deletérios da aura do assistido. Como são energias e fluidos mais densos, geralmente originados por maus pensamentos, que são um tipo de feitiço mental, os princípios naturais contidos nas ervas agem removendo-os, por sua densidade e semelhança com os elementos da natureza.

Tratamentos saudáveis e naturais são coadjuvantes de importância no tratamento espiritual mais profundo, realizado nos terreiros, restabelecendo o equilíbrio do organismo debilitado pela doença e as imantações provocadas por maus pensamentos e pelos obsessores. Não isentam a reforma íntima e a mudança de comportamento, mas mostram-se eficazes na normalização dos campos energéticos do assistido.

Nos trabalhos mediúnicos de terreiro, essas essências fitoterápicas estão astralizadas e são recolhidas na contraparte etérea das folhas e manipuladas junto do ectoplasma do médium, no magnetismo curador, beneficiando encarnados e desencarnados. Para cada caso, para cada Ori, para cada Orixá, para cada doença, há uma erva astral, essência eterizada, que é aplicada individualmente.

Sem erva não tem axé. Está aí a regra número 1 nos cultos de origem afro e na Umbanda.

Se a mata possui uma alma além do mistério, esta é a folha, que a mantém viva pela respiração, que a caracteriza pela cor e pela aparência, que sombreia seu solo, permitindo, por meio do frescor, a propensão à semeadura.

"Kosi ewe, kosi Orisa", diz um velho provérbio nagô: "sem folha não há Orixá", que pode ser traduzido por "não se pode cultuar Orixás sem usar as folhas", o que define bem o papel das plantas nos ritos.

O termo folha (ewe) tem aqui um duplo sentido: o literal, que se refere àquela parte dos vegetais que todos nós conhecemos, e o figurado, que se refere aos mistérios e encantamentos mais íntimos dos Orixás.

Mas o que isso tem a ver com o Orixá? É que o culto aos deuses nagôs se ergue a partir de três ewes: o conhecimento, o trabalho e o prazer, um amálgama de concentração e descontração passível apenas de ser vivido, jamais entendido em sua larguera e profundidade.

O ewe do conhecimento é aquele que manipula os vegetais, conhece suas propriedades e as reações que produzem quando se juntam; é também aquele que conhece os encantamentos, sem os quais as energias, para além da química, não se desprendem dos vegetais.

O ewe do trabalho é aquele que, na disciplina e na aparente banalidade do cotidiano da comunidade de terreiro, vai "catando as folhas" lançadas aqui e ali por meio da observação silenciosa e astuciosa, com a qual vai construindo seu próprio conhecimento; sem o mínimo de "folhas" necessárias, não se caminha sozinho. Só se dá "folha" a quem é digno e sabe guardar, a quem trabalha, a quem é presente. Só cata "folha" quem tem a sagacidade de entender a linguagem dos olhares.

O ewe do prazer é aquele que produz boa comida, boa conversa, boa música e boa dança, todas povoadas de folhas, e "folhas" para quem tem olhos de ver. O Orixá só vive se for alimentado, só agradece pela comunhão, só se mostra pela dança, só se apresenta pela alegria da música e só fala por ewe. Sem ewe não é possível entender os Orixás.

Falar das folhas no culto afro-brasileiro é muito complexo, pois, nas diversas nações que existem dentro do culto, as folhas recebem nomes e funções diferentes.

As folhas de determinado Orixá entram, também, no culto de outro, pois existem combinações de folhas de um Orixá para o outro.

Os pajés utilizavam ervas medicinais e rezas para afastar maus espíritos, prática que se tornou cada vez mais usual, porém, com o aumento da população indígena, os portugueses começaram a enviar mais missionários e médicos para interrompê-la, e a população começou a procurar os pajés com menos frequência e às escondidas.

Muitas mulheres dessa época se interessaram pelas ervas medicinais que os pajés utilizavam, e, por não conhecerem as rezas que eles faziam, misturavam rezas de santos católicos com essas ervas, criando, assim, as famosas rezadeiras e curandeiras do Brasil. Por isso, a influência indígena é tão forte na Umbanda, com seus caboclos, entidades representantes destes índios que aqui estavam quando os colonizadores chegaram.

Existem diversas folhas com distintas finalidades e combinações, nomes e considerações dos nomes, fato que muito impressiona quem as manipula dentro do axé.

Precisamos ter muita consciência de como usá-las para que não sejamos pegos de surpresa por energias invocadas quando as maceramos, quando colocamos seu sumo em contato com nosso corpo, quando as colhemos. Porém, folha é para trazer energias boas e positivadas, tirar energias ruins e maléficas em muitos casos, trazer resposta para algo, se é necessária para o indivíduo que a usa.

As plantas são usadas para lavar e sacralizar os objetos rituais, purificar a cabeça e o corpo dos sacerdotes nas etapas iniciáticas, curar as doenças e afastar males de todas as origens. Entretanto, a folha ritual não é simplesmente a que está na natureza, mas aquela que sofre o poder transformador operado pela intervenção dos espíritos do lado de lá, cujas rezas e encantamentos cantados proferidos pelos devotos propiciam a liberação do axé nela contido.

Há algumas décadas, a floresta fazia parte do cenário e as folhas estavam todas disponíveis para colheita e sacralização. Com a urbanização, o mato rareou nas cidades, obrigando os devotos a manter pequenos jardins e hortas para o cultivo das ervas sagradas ou então se deslocar para sítios afastados, onde as plantas podem crescer livremente. Com o passar do tempo, novas especializações foram surgindo no âmbito da religião, e, hoje, as plantas rituais podem ser adquiridas em feiras comuns de abastecimento e nos estabelecimentos que comercializam material de culto. Exemplo maior, no Mercadão de Madureira, no subúrbio do Rio de Janeiro, pródigo na oferta de objetos rituais, vestimentas e ingredientes para o culto dos Orixás, mais de vinte estabelecimentos vendem, exclusivamente, toda e qualquer folha necessária aos ritos, bem longe da natureza.

O elemento vegetal é muito importante para a manutenção e o equilíbrio dos seres vivos. Por meio de processos variados, os vegetais retiram o prana da natureza através do Sol, da Lua, dos planetas, da terra, da água etc. São, portanto, grandes reservas de éter vital e, através dos tempos, tiveram suas propriedades descobertas pelo ser humano. Usamos os vegetais desde a alimentação até a magia, sempre transformando a energia vital por meio de processos e rituais.

Seu banho pode estar sendo um placebo ritual. Banho terapêutico é diferente de banho litúrgico. Entenda melhor!

Há que se separar o efeito do princípio ativo farmacológico das ervas verdes do esperado efeito magístico, fruto de palavras de encantamentos afins com certos preceitos energéticos, associadas ao manejo dos Guias Astrais e elementais da natureza, que, via de regra, têm uma indicação rito-litúrgica completamente diferente da terapêutica meramente orgânica para a saúde. Quanto ao aspecto oculto, mágico-etéreo da aplicação nos banhos do axé verde, se a seiva estiver sob o influxo lunar negativo, não haverá a necessária e adequada "explosão" etérea do princípio vital, pois estamos lidando com um "cadáver vegetal", assim como um morto humano não levanta e anda. Um banho terapêutico comum sempre tem valia, um banho rito-litúrgico, dentro de um preceito, nem sempre, se não houver a destreza adequada no uso dos elementos a serem usados, em forma de fluidos expansivos com repercussão etéreo-astral.

Fica o alerta: seu banho litúrgico pode estar sendo um placebo ritual; tem efeito somente orgânico e psicológico.

Fiquei com dúvida. Semanalmente tomamos nossos banhos, sobretudo nos dias de trabalho, para os quais nos preparamos. Nas cidades, é meio difícil ter a erva natural. Qual é a instrução sobre as ervas que compramos desidratadas em casas específicas? Seriam, então, um placebo?

Sim, é um placebo, não tem efeito litúrgico, mas tem ação terapêutica orgânica, o que já é bastante válido e "quebra o galho". A correria da vida moderna e a falta de tempo têm nos afastado da tradição e dos fundamentos magísticos de encantamento e manejo adequado do axé verde. Erva seca dinamiza, volatiza e é passível de encantamento ou explosão do duplo etéreo se usada na defumação ou nas cachimbadas (fumaçadas). Mesmo assim, não são indicadas essas compradas no comércio, que foram expostas a todo tipo de pensamento e emoção, que profanam e "danificam" a sua utilização para a sacralização em ritos da nossa religião de Umbanda.

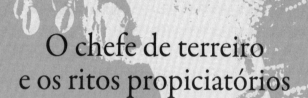

O chefe de terreiro e os ritos propiciatórios

A Umbanda segue, de maneira geral, um cronograma ritualístico que o chefe de terreiro deve dominar. Os ritos propiciatórios têm significados e significantes profundos, simbólicos, que instigam a formação de "painéis" mentais, imagéticos. A palavra hebraica traduzida significa "o lugar onde a propiciação é feita", ou seja, a ação ritual com que se procura "agradar" uma divindade, uma força sobrenatural ou da natureza, para conseguir seu perdão, seu favor ou sua boa vontade. Reinterpretando no contexto atual da Umbanda, podemos inferir que os ritos propiciatórios objetivam a criação da egrégora – união de pensamentos em propósitos comuns – para o adequado e profícuo intercâmbio mediúnico-magístico. Tem várias finalidades: abertura, invocação, consagração, descarga, cura etc.

A função de chefe de terreiro, também denominado zelador ou dirigente espiritual, prioritariamente, é ser responsável por elaborar, organizar e aplicar diversos rituais com finalidades diversas, relacionadas às liturgias das sessões públicas e internas, coletivas e individualizadas em conformidade com as necessidades preceituadas pelos fundamentos de tradição associados às orientações dos Guias Astrais.

É "impossível" pensar e elaborar uma série de ritos, liturgias e preceitos sem "dominar" o complexo simbolismo de exu como elemento de propulsão e comunicação de toda e qualquer energia – vibração – que será manejada na comunidade de axé.

Qualquer que seja o patrono do terreiro, Orixá e falangeiro, se seu dirigente não tiver trânsito adequado junto a exu, quase nada conseguirá. Obviamente, essa conexão se concretiza pela ligação mediúnica com o seu guia de frente, Pai de sua cabeça, que, a partir da consagração junto ao Ori do médium, estabelece as condições vibratórias de ativação de exu como aspecto divino da Criação que é indispensável à magia de Umbanda, oculto ou manifesto, conhecido ou desconhecido, eis que necessariamente não precisa ser exteriorizado nos aspectos visíveis dos rituais, ou seja, mesmo onde não se "aceita" exu, lá ele está, pois não se prende às vontades humanas. Não é à toa que existe um aforismo popular conhecido em todos os terreiros: na Umbanda, sem exu, não se faz nada.

Há que se registrar que, pelo fato de exu ser um princípio divino dinâmico impessoal, nenhum guia espiritual consegue implementar um movimento que resulte em comunicação entre dimensões diferentes se exu não participar, pois ele é inseparável de todo intercâmbio energético dimensional. Ou seja, um médium incorporado num espírito mentor, ao manipular as folhas – axé verde -, só conseguirá repercussão etéreo-astral com exu sendo o elo de comunicação. Por isso, ele se consagrou no esoterismo de Umbanda como agente mágico universal. Assim como as águas, que não transitam para o mar sem o leito dos rios, na execução de quaisquer ritos, a "colaboração" de exu é indispensável, eis que, sem ele, o axé – fluido etéreo – dos elementos e o próprio ectoplasma doado pelos médiuns ficariam estáticos, não seriam "transportados" de uma dimensão a outra, tal qual um arco sem flecha nunca atingirá o alvo, ou seja, não haveria o elo de comunicação entre remetente e destinatário, a carga energética não chegaria ao endereço vibratório e não se conseguiria nem dar um passe magnético.

A harmoniosa relação mediúnica no sentido de condução de fluidos físicos etéreo-astrais entre médiuns, espíritos e consulentes só se equilibra nos planos dimensionais de existência do Cosmo espiritual com a propulsão e a comunicação de exu, pois, sem ele, a dinâmica ritual e mediúnica ficaria "paralisada".

Expusemos os conceitos básicos da gênese e da participação de exu na magia de Umbanda. O chefe de terreiro, além de mediunidade de fato e de direito, que lhe outorga o poder de ativação e desativação das forças ocultas (sobrenaturais) pertinentes e afins às suas funções sacerdotais conduzindo um agrupamento, terá de conhecer os rituais de fundamento (Orós) no tocante à exigência de dinamização correta dos elementos utilizados nas diversas liturgias e preceitos. Não vamos elencá-los neste livro, não é a nossa proposta temática. Todavia, há que se reforçar que exu atua em todos os elementos – ar, terra, fogo, água e éter – e, mesmo quando o Guia Astral, diretamente pela incorporação mediúnica, encanta e consagra um elemento ritualístico, atuando na irradiação de um ou mais Orixás, somente com o impulso de exu haverá movimento, expansão e concretização magística no sentido de comunicação dimensional – planos e subplanos vibratórios cósmicos.

Quando manipulamos qualquer elemento, como flores ou ervas para os Orixás, na verdade, quem transporta o fluido liberado é a vibração de exu. Se exu tudo equilibra, abre e fecha, faz descer e subir, seja na horizontal, seja na vertical, quais são as tarefas e as peculiaridades das entidades que labutam nessa vibratória?

Primordialmente, podemos dizer que são guardiões do carma, do "eu crístico" de cada individualidade. Atuam muito próximos ao Criador, em função da aplicação da Lei Universal de Causa e Efeito. Assim, perto d'Ele, não são dualistas, expressam-se em similitude ao Uno e não se prendem a julgamentos de certo e errado, bem ou mal e milagre e pecado, como nos impuseram no inconsciente, por milênios de culpa, as religiões judaico-cristãs.

O que aparentemente pode ser um mal em nossa limitada avaliação, para uma entidade exu é o necessário para reencaminhar um filho à equidade de suas ações.

De um chefe de terreiro, tendo a função de ministro religioso – oficiante de ritos e liturgias –, exige-se sólido domínio dos princípios de fundamento que dinamizam os elementos físicos por Orixás, linhas vibratórias, guias espirituais e os imantam às energias planetárias, que são sítios vibracionais dos próprios Orixás, potestades divinas, bem como as possíveis composições propiciatórias das oferendas utilizadas coletivamente e individualmente. Além de tudo isso, são imprescindíveis o resguardo e a cobertura mediúnica de fato e de direito, não de "mentirinha", como vemos muito hoje; magos formados em cursos virtuais que são meros aplicadores de manuais. O aprendizado é longo, ocorre no dia a dia do terreiro, bafejado com a convivência com os espíritos falangeiros da Umbanda. O preparo deve ser sólido, lento, pois se lidará com vidas humanas, coisa séria para gente séria.

Não basta ter o conhecimento apostilado e o certificado de conclusão de curso na parede do terreiro. Há que se adquirir o saber vivenciado, que só é alcançado com o tempo, e os chefes de terreiro são "escolhidos" pelas hierarquias superiores da Umbanda se angariarem o "dom" e a aptidão para suportarem os obstáculos que serão colocados em seus caminhos. Antes de reencarnar, para verdadeiramente ser um zelador de Umbanda, e não estar à frente de um congá como mero troféu de admiração, bajulação ao ego, para ser visto e "cultuado" como um ente especial e sagrado, são feitas provas no Astral para certificar-se de que realmente os "candidatos" estão preparados, e, mesmo assim, muitos falham. Os maiores inimigos são as armadilhas do ego que jazem no subconsciente profundo: vaidade, vaidade, vaidade.

Os guardiões neutralizadores das ações do baixo umbral

Todo espírito guardião é um exu, mas nem todo exu é um guardião. As entidades exus têm múltiplas funções, e uma delas é guardar os caminhos, as encruzilhadas vibratórias, os portais dimensionais. Embora a palavra exu seja mais comum na Umbanda e nos cultos de origem afro, quando empregada por espiritualistas "estranhos" ao meio afro-umbandista como somente guardião, é uma redução de sua esfera de ação divina, que abordamos nos capítulos anteriores.

No entanto, há que se considerar que os exus guardiões não desempenham tarefas de igual teor. Também no Plano Astral, mais que entre os homens, é necessário conceber a ideia da especialização. Assim, existem especificidades de "guarda" que não conseguiremos esmiuçar nesta obra.

De acordo com essa ótica, a abordagem dos chamados exus superiores, conhecidos na Umbanda como guardiões das encruzilhadas cósmicas e senhores dos caminhos, ficará para uma próxima obra. Observaremos alguns "requintes técnicos" nas ações dos exus guardiões dos templos umbandistas e dos subplanos umbralinos, fato que os distingue dos quiumbas propriamente ditos, agentes das sombras, aos quais combatem e frenam as ações. Os guardiões constituem uma força astral nada desprezível e organizam-se à semelhança de um exército, com seus diversos departamentos hierárquicos. Há necessidade de estabelecer ordem e disciplina em todos os domínios do universo. Dessa forma, a falange dos guardiões desempenha a função de zelar pela harmonia, a fim de evitar o caos no mundo astral terrícola. Reflitamos que a presença de representantes da ordem atuando como forças disciplinadoras nas regiões inferiores é imprescindível, se considerado o estado atual da evolução planetária. Poderíamos imaginar como seriam nossas atividades espirituais sem a dedicação e o trabalho dos exus guardiões? Imaginemos ruas, quadras, bairros, cidades ou países sem policiamento, sem disciplina, sem ordem alguma.

Conforme mencionamos nos capítulos precedentes, na Umbanda, exu é uma força cósmica divina. Esotericamente, é tido como agente mágico da natureza, correspondente às forças de equilíbrio universal. Como figura mitológica ou simbólica, exu está instalado nas encruzilhadas vibratórias, nos entroncamentos energéticos. Sob essa perspectiva, podemos entender que as entidades espirituais que atuam como guardiões representam a ordem, o ponto de equilíbrio no qual cessa o conflito dualista entre o bem e o mal, entre a luz e a sombra, fazendo a retificação, doa a quem doer, ou seja, os exus agem de acordo com a justiça, sem se pautar pelas noções de bem e mal desenvolvidas pelos encarnados. Orientam-se conforme a ética mais ampla e os conceitos cósmicos. Ao contrário do que preconizam as religiões maniqueístas, exu não se opõe ao Criador e é elemento cósmico equilibrador da existência de todos os espíritos.

Apesar das diversas especializações e da eficiência das falanges de exus guardiões, seu trabalho no mundo não consiste nem visa à eliminação das lutas do cotidiano. Ao contrário, esses abnegados espíritos falangeiros sob a irradiação de exu, como agentes divinos que são, não estão aí para poupar o homem de enfrentar as questões que ele mesmo engendrou ao longo dos séculos. A função dessas legiões não é privar os indivíduos dos desafios que fazem parte de seus destinos nem facilitar-lhes ou dificultar-lhes os passos que terão de ser dados durante a caminhada humana. Os guardiões são elementos de equilíbrio – e não apenas de defesa. É fundamental salientar a diferença. Pensemos que, por vezes, o equilíbrio exige o ataque, se sua atuação confrontar-se com a barreira distorcida do livre-arbítrio equivocado de pessoas e comunidades no sentido de que, no exercício das liberdades individuais de agir, seja colocado em risco o plano divino de evolução coletivo. Nesse caso, os guardiões assumem o papel de instrumentos da Lei de Causa e Efeito, impondo um limite àquilo que poderia gerar um desvio mais evidente e profundo na harmonia de famílias, ruas, quadras, bairros, cidades, nações, continentes e, por fim, do planeta, dependendo de sua esfera de ação.

Para ilustrarmos como os falangeiros exus guardiões agem, vamos narrar uma experiência que vivenciamos. Na época, tínhamos um estudo sistematizado sobre a Umbanda que antecedia as sessões públicas de passes e consultas. Os temas eram variados e se repetiam de tempos em tempos. Aquele seria o primeiro encontro sobre exu, e já se percebia certa ansiedade dos frequentadores que se faziam presentes. Como temos um público eclético, constituído por espíritas, umbandistas e também por pessoas oriundas de cultos afro-brasileiros, antevimos a polêmica que provavelmente se formaria, como já havia acontecido em outros cursos e seminários.

Obviamente, não é fácil falar de exu no contexto religioso diverso da nossa assistência, que reflete uma sociedade plural, religiosamente falando, mas preponderantemente homogênea nos conceitos morais de certo e errado, de pecado e evolução, fruto das religiões predominantes, todas evangélicas. Sabendo que haveria um trabalho fraterno de esclarecimento e conscientização espiritual – não gosto do termo "doutrinação" –, principalmente para o contingente de desencarnados que compareceria junto com os encarnados, tomei todas as precauções de segurança, renovando os elementos e condensadores energéticos que compõem os campos de força de proteção da casa – tronqueiras de exu.

O dia do estudo chegou e, faltando 30 minutos para as 17 horas, horário em que começa a preleção que antecede a dinâmica de perguntas e respostas durante os encontros, de forma inesperada, faltou luz. "Coincidentemente", o mote central do tema exu era a atuação, nas trevas, dos espíritos que se enfeixam nessa vibração. Tivemos de colocar várias velas no salão e no terreiro, e fizemos nossa primeira sessão à luz de velas. Ficou uma pergunta no ar: foi realmente uma coincidência? Se sim, que sincronia!

Ligamos para a companhia estadual de energia elétrica, que nos informou que a previsão para o retorno da luz era por volta das 21 horas e que um disjuntor havia quebrado inexplicavelmente em um transformador próximo ao nosso endereço, mais precisamente numa encruzilhada na esquina do terreiro. Quando fiquei sabendo disso, pensei: "Aí tem coisa!", pois haviam feito um despacho na noite anterior na ponta da encruzilhada que tinha o poste de iluminação cujo disjuntor "quebrou". Fui fazer uma reza cantada na tronqueira – ponto de firmeza de exu – para pedir proteção e entrei num transe lúcido, minha consciência sendo transportada para um estado superior de percepção extrafísica, e, assim, Exu Tiriri Rei da Encruzilhada, entidade que me assiste, comanda uma falange de "barás da rua" e dá cobertura do portão do terreiro para fora, informou-me pela clariaudiência:

O disjuntor que quebrou fica no poste em que costumeiramente são feitos despachos com animais sacrificados. O fluido etéreo pesado ali colocado, amalgamado com os pensamentos desalinhados dos transeuntes (de sexo, cobiça, inveja, raiva etc.), alimenta uma organização trevosa que mantém nessa encruzilhada uma espécie de portal energético que se abre como um túnel para as zonas umbralinas, formando uma importante usina de combustível que os sustenta. O tema da palestra do dia deixou os membros dessa organização irados, e os inevitáveis esclarecimentos que serão dados sobre a dispensa do sangue para exu atuar os motivaram a um levante. Então, eles criaram uma espécie de "bucha" de ectoplasma e, pelo efeito físico de materialização, conseguiram causar um curto-circuito nos fios, danificando o transformador. A escuridão no terreiro seria favorável à invasão deles, que tinham a intenção de fazer as pessoas passarem mal. Mas está tudo sob controle. Já estamos com reforços e os nossos campos de força estão expandidos. Só conseguirão entrar na Casa os espíritos sofredores e os obsessores ligados aos frequentadores do estudo. Os planos para o encontro do dia poderão ser realizados normalmente, mas muitos espíritos revoltados das zonas trevosas ficarão retidos em nossas malhas magnéticas de proteção, o que tornará a sessão da noite um tanto pesada e será necessário que, ao final, seja feita uma descarga especial com fundanga – queima de pólvora –, a fim de que sejam desintegradas estas energias deletérias e consigamos encaminhar os sofredores aos postos astralinos, onde serão atendidos.

Agradeci a informação desse dedicado trabalhador espiritual e reforcei meu pedido de proteção a Ogum em nome da coletividade que frequenta nossa comunidade. Tudo isso nos mais profundos silêncio e solidão, confiando sempre, tal é a rotina de um zelador de terreiro. Ato contínuo, rezei por meio de uma cantiga no Otá – pedra sagrada – de Omulu, pedindo que nossa descarga vibratória fosse capitaneada no Astral pela sua vibração e que sustentasse os campos de força até a descarga interna especial que aconteceria ao final da engira pública – rito interno só com a corrente mediúnica. Ao terminar a rogativa, senti a presença de uma legião de caboclos Oguns Megês e caboclas Iansã de Balê com espadas em fogo nas mãos, preparados para toda a movimentação e incursão no umbral que cuidaria do socorro das entidades nas próximas 48 horas. A vibração de Ogum Megê é o entrecruzamento do Orixá Ogum com Omulu e Iansã, responsável por socorrer os espíritos que ainda não têm consciência de que desencarnaram e são escravizados por essas organizações trevosas do umbral inferior, principalmente os capturados nas portas de cemitérios.

Há que se falar das peculiaridades, aparências e linguagens dos exus. Antes, porém, é importante conceituarmos mais uma vez a vibração energética de exu, separada de entidades espirituais que atuam enfeixados nela.

Objetivamente, todo o movimento no Cosmo, em suas diversas dimensões vibratórias, é exu. Se não fosse exu, o universo seria estático e não haveria evolução. O nascimento de uma estrela, um orbe, o balanço das ondas do mar e das folhas em uma árvore têm incidência de exu. Exu não é a energia primordial que forma tudo, mas faz tudo se movimentar. Se assim não fosse, não teríamos os descensos vibratórios dos espíritos para encarnar nem conseguiríamos voltar para a dimensão astral quando desencarnamos, ficando "presos" na crosta. A própria coesão molecular planetária é originária do movimento de aglutinação que a vibração de exu propicia. Por isso, se diz na Umbanda que não existe Orixá sem exu.

Quando manipulamos qualquer elemento, como flores ou ervas, para os Orixás, na verdade, quem transporta o fluido liberado é a vibração de exu. Repetindo-nos, como mencionado em capítulo anterior, se exu tudo equilibra, abre e fecha, faz descer e subir, seja na horizontal, seja na vertical, quais são as tarefas e as peculiaridades das entidades que labutam nessa vibratória?

Repetindo-nos mais uma vez, para fixarmos bem os conceitos que buscamos desenvolver, primordialmente, podemos dizer que os exus são guardiões do carma, do eu crístico de cada individualidade. Atuam muito próximos do Criador em função da aplicação da Lei Universal de Causa e Efeito. Assim, perto d'Ele, não são dualistas, expressam-se em similitude ao Uno e não se prendem a julgamentos de certo ou errado, bem ou mal e milagre ou pecado, como nos impuseram no inconsciente, por milênios de culpa, as religiões judaico-cristãs. O que, aparentemente, pode ser um mal em nossa limitada avaliação, para uma entidade exu é o necessário para reencaminhar um filho à equidade de suas ações.

Imaginemos que determinada pessoa não admite que seu esposo seja médium umbandista. Além de colocar seu nome em uma corrente de orações da igreja que frequenta, arquiteta ir junto com o pastor e mais um grupo de obreiros até o terreiro fazer um "barraco" no dia da sessão frequentada pelo esposo. Ao sair de casa para encontrar os demais, o exu guardião do médium em questão, autorizado pelo guia-chefe do terreiro no Astral, dá um "toque" em seus ouvidos, fazendo-a ter uma crise de labirintite, o que a impede de concretizar suas intenções. Numa outra tentativa, novamente advém a crise de labirintite, e a esposa intrometida é impedida de interferir na opção religiosa do marido. Alguns dirão: "Nossa, isso é uma maldade!". Para exu, nada mais é que a aplicação da lei, dado que nossa irmã não está respeitando o livre-arbítrio do companheiro e, individualmente, premedita um escândalo diante de uma coletividade, perdendo, assim, todo o direito de ação, e tem a Lei Universal de Causa e Efeito aplicada contra si, potencializada pelo interesse coletivo em detrimento do egoísmo individual.

Exu não tem pena e não se liga emocionalmente; ele simplesmente cumpre a aplicação da lei, doa a quem doer. Exu se apresenta de diferentes formas, dependendo do meio em que atuará. No meio de baixa vibração, ele será denso e horripilante, para impor respeito. Nos páramos celestiais, iguala-se em beleza aos arcanjos, como vemos nas imagens católicas. Obviamente, se não houver merecimento para a atuação de exu, de nada adianta pedir. Há que se comentar que os pedidos e as oferendas para que exu faça o mal a outrem, arrume namoradas, consiga empregos, derrube desafetos, traga amor de volta e tantas outras artimanhas desrespeitosas para com o livre-arbítrio e o merecimento do próximo nada tem a ver com os verdadeiros exus da Umbanda. O terreiro pode até trazer na fachada o nome "Umbanda", mas aí o engambelo, o engodo e a mistificação se fazem presentes, pois o falso exu tripudia em cima do verdadeiro, ancorando-se no imediatismo das pessoas que o invocam. Enquanto esse escambo do toma lá, dá cá persistir, teremos falsos exus, como temos falsos caboclos, pretos velhos, ciganos etc., tal qual existem engenheiros corruptos, médicos que fazem aborto e advogados que aceitam propina.

Um assunto que impressiona e que veio à tona no referido dia de estudo à luz de velas é sobre os despachos nas portas dos cemitérios e os assédios nos enterros. Diz-se que os espíritos dos recém-desencarnados poderiam ser capturados ou que seus restos fluídicos cadavéricos poderiam ser vampirizados. Mesmo em um ambiente de aparente anarquia, como muros e portas de cemitérios, onde todas as sextas-feiras são feitas centenas de oferendas com animais imolados (dando muito trabalho para o departamento municipal de limpeza urbana no sábado bem cedo), existe uma hierarquia espiritual que organiza e disciplina os substratos astrais inferiores, na maioria das vezes, invisíveis aos seus habitantes. Temos de considerar que um cemitério é um local de movimentação coletiva e, quanto maior o número de enterros diários, mais reforçada é a proteção. Não é à toa que, na Umbanda, é chamado de campo santo. Existem barreiras magnéticas de proteção e falanges espirituais zelando pelos desligamentos. Consideremos que as tumbas mortuárias são quase inexpugnáveis, salvo nos casos em que são permitidas as violações no Astral. Tenhamos em mente que determinados espíritos, os suicidas indiretos (como alcoolistas, viciados em drogas e motoristas que ultrapassaram os limites de segurança e acabaram morrendo prematuramente), não cumpriram o prazo necessário de permanência nos corpos físicos, já que vieram programados com um *quantum* de energia para determinado tempo de vida. Quando interrompem essa programação, mesmo que inconscientemente, têm de cumprir o prazo de vida restante, ficando seus perispíritos "grudados" nos despojos carnais, ou seja, não são desligados dos restos cadavéricos até que expire o tempo de vida que ainda teriam. Nesses casos, os exus de cemitérios – de calunga – zelam pela integridade das tumbas mortuárias, como também acompanham e assistem de perto os desligamentos daqueles que têm merecimento.

As terapias no mediunismo de Umbanda e as responsabilidades do chefe de terreiro: causas de conflitos e ações de prevenção

O chefe de terreiro na Umbanda terá de demonstrar uma aptidão inerente de "psicólogo" introjetada em seu modo de ser, entre tantas outras aptidões decorrentes de uma ampla intuição, dando-lhe acuidade psíquica para pressentir, antecipar e resolver conflitos interpessoais. Um agrupamento mediúnico é um "amontoado" de velhos espíritos, difíceis, inteligentes, fortes egos de priscas eras.

Além de todos os consulentes, que lhe demandarão destreza psíquica, essa habilidade é importantíssima e imprescindível para que o chefe consiga conviver e administrar todos os conflitos que inevitavelmente ocorrerão, inseparáveis que são dos seres humanos quando estes se reúnem, mesmo com fins religiosos espiritualistas. Imaginemos um monte de pedras sendo transportado na carroceria de um caminhão numa estrada esburacada; impensável não se chocarem umas com as outras, por vezes soltando lascas e faíscas nesse atrito. Um agrupamento humano mediúnico não é diferente disso; um ajuntamento de egos duros batendo-se uns contra os outros e sendo obrigados a conviver, dividindo um mesmo espaço dito sagrado. Além disso, terão de se manter aptos para atender os consulentes que irão procurar os vários tratamentos preconizados no terreiro:

- palestras doutrinárias;
- passes magnéticos;
- aconselhamentos individuais;
- desobsessões com manifestação de espíritos sofredores;
- sacudimentos com folhas e oferendas, se necessárias;
- outros, como preceitos diversos junto aos sítios da natureza.

O chefe de terreiro terá de "zelar" prioritariamente pelo quadro de médiuns, prescrevendo os tratamentos espirituais que devem ser preceituados, individual e coletivamente. Os preceitos coletivos compõem o calendário litúrgico anual, e os particularizados dependem de cada caso. Essas são tarefas que exigem olhar percuciente, arguta intuição, acuidade mental e robusta mediunidade, eis que o medianeiro chefe de terreiro estará exposto perante todos os sofrimentos decorrentes das desarmonias dos indivíduos com seus Oris (mente e pensamento desequilibrados), daí advindos os transtornos emocionais e os bloqueios energéticos que lhes impactam, muitas vezes causando doenças. O Eledá – sintonia com os Orixás regentes – estando abalado, inevitavelmente haverá possíveis interferências obsessivas que se aproveitarão de forma oportunista da escassez de axé, que emanaria em condição de equilíbrio dos Orixás.

As enfermidades e os distúrbios psíquicos são acompanhados de instabilidades espirituais que terão de ser corrigidas. O adequado manejo dos elementos – minerais, vegetais, entre outros – que são repositores fluídicos energéticos de vibrações afins aos Orixás, associados às terapias ritualizadas no terreiro para "afastar" espíritos negativos – encostos –, formas-pensamentos elementares – carregos

–, obsessores, ressonâncias traumáticas do passado com desafetos vingativos, entre tantas outras possibilidades de anamnese anímica e mediúnica junto ao ser humano, por sua ampla e variável etiologia espiritual, deverão ser pertinentes ao saber e à capacidade do sacerdote umbandista, ou seja, ele terá de "receitar" tratamentos eficazes, dominar os princípios "quentes" e "frios" dos elementos, calmantes ou estimulantes, compondo-os em associações por Orixás em conformidade com o Eledá de cada médium da corrente.

Sem dúvida, impõe-se ao chefe de terreiro mediunidade ativa, além de uma sólida maturidade emocional, acompanhada pelos atributos antes elencados, agora somados, preferencialmente, à clarividência e à clariaudiência – ver e ouvir o Plano Astral. Seu tônus mediúnico pessoal deve suportar intensos embates vibratórios, armadilhas, engodos e engambelos do baixo umbral. Se não tiver amparo e cobertura de genuínas entidades, espíritos sob os auspícios da Lei de Pemba o assistindo, o fracasso virá mais cedo ou mais tarde. Para orientar e conduzir uma comunidade terreiro, coletividade de humanas criaturas com seus defeitos e qualidades, não basta vencer a si mesmo, pois muitas são as variáveis que extrapolam o âmbito do merecimento individual.

Há que se considerar que o médium, quando está em desequilíbrio e com seu Ori enfraquecido, além dos transtornos emocionais que sofrerá, fragiliza-se e pode abrir a porta de sua sensibilidade psíquica para a atuação de espíritos oportunistas, por vezes na forma de indução mental à distância – sem a dita incorporação –; seres inteligentes enviados das sombras, que almejam desarmonizar a corrente e desacreditar suas lideranças, fomentando a quizila, a maledicência, o melindre, a mágoa, a mentira, a dissimulação e outras facetas do ego inferior, servindo-se do médium desequilibrado para causar toda sorte de conflitos e contendas. Nesses casos, urge que o chefe de terreiro tenha apoio do presidente da associação e do conselho deliberativo – exigências estatutárias se o centro for legalizado. Em contrário, se esfacelar-se a cúpula diretiva, certo que "arrebentará" a corrente, como é previsível que a pólvora explode em contato com o fósforo aceso.

Independentemente de ritos e liturgias, um grupo deve ser harmonizado entre os "códigos do santo" e os "códigos burocráticos", como ocorre com a exigência de estatuto para as associações, impondo-se regimentos internos e manuais disciplinadores. A distribuição de "poder" nunca deve ser causa de disputa, pois, sempre que oposições se estabelecem, a corrente "racha", a integridade vibratória da egrégora se enfraquece e, não é incomum, no mais das vezes, os terreiros fecham, ainda mais se afundam os dirigentes no campo moral, na promiscuidade e no abuso ético e espiritual das criaturas.

Somos da opinião de que a função de chefe de terreiro não é eletiva. O médium é escolhido pelo lado de lá. Deve haver uma pétrea uniformidade nessa aceitação de interferência espiritual no suporte ao sacerdócio de um zelador, que se confirma com regularidade no tempo pela sua mediunidade límpida, confiável, ética, moral e de caráter elevado. Assim, a função deve ser vitalícia, e não sofrer os impactos de disputas temporais, eletivas, objetivando a ocupação de cargos na estrutura hierárquica do terreiro.

Todos vestidos de branco, igualados no ideal de servir ao próximo. Posições sociais e títulos acadêmicos do mundo não devem interferir na organização da comunidade, que se estrutura para o atendimento espiritual. Obviamente, deve haver responsabilidades repartidas, pois a gestão de um terreiro, atualmente, não é "somente" incorporar e o guia fazer tudo.

A preocupação central e todos os esforços devem completar-se sinergicamente para a manutenção da egrégora espiritual. Em se tratando do consciente introjetado no modo coletivo de ser da comunidade-terreiro, há a necessidade imperiosa de manter-se a disciplina, a ordem, a união e a fraternidade, para que o Plano Espiritual benfeitor consiga atuar adequadamente por meio de todos os médiuns.

Dogma e tabu da mediunidade inconsciente

O título deste capítulo é um tanto provocativo, reconhecemos. Estamos afirmando que a mediunidade dita inconsciente tornou-se um "dogma", assim, entre aspas, um falso dogma, ou seja, uma crença estabelecida em muitos terreiros, felizmente não a maioria, que não discutem essa questão. Não dialogam a respeito, como se fosse uma cláusula pétrea. Em verdade, transformou-se em um tabu, uma proibição; não se fala no assunto.

Certa ocasião, ainda como médium trabalhador nas consultas espirituais em um antigo e tradicional centro de Umbanda de Porto Alegre, fiz uma preleção para a assistência, abordando a mediunidade consciente como tema central. Os irmãos da corrente ficaram melindrados, mesmo eu havendo citado a bibliografia e não sendo minhas as palavras, mas dos autores em questão. O dirigente espiritual admoestou-me, dizendo-me que esse assunto não se comentava, era velado, proibido, argumentando que desencantaria os frequentadores do terreiro e eles perderiam a fé nas entidades.

A partir do fato narrado, comecei a observar que os médiuns da casa ficavam anos a fio no desenvolvimento mediúnico e não eram desenvolvidos nunca. Raramente eram considerados aptos para os aconselhamentos espirituais práticos nas engiras públicas. Havia um bloqueio psíquico no grupo de médiuns neófitos, pois todos esperavam o guia incorporar e "apagar-lhes" a mente durante o transe; isso nunca ocorria, e, assim, ficavam esperando. O mito ilusório que os mais antigos passavam – "não me lembro de nada" – os bloqueava por ser falso e mentiroso. Ocorre que esse centro beirava o fechamento por falta de médiuns "desenvolvidos" nas engiras públicas, mas o dia de desenvolvimento não desenvolvia ninguém. Não havia instrução, estudo ou qualquer diálogo. Cantava-se e ensaiava-se as incorporações, nada mais. Acabamos saindo dessa Casa – doze médiuns – e fundamos um terreiro.

Hoje, no Grupo de Umbanda Triângulo da Fraternidade, na condição de chefe de terreiro, falo aberta e francamente sobre a consciência mediúnica. Não temos nenhum médium inconsciente na corrente e, em nossas preleções com a assistência – são oito expositores –, dialogamos com sinceridade e transparência sobre o fenômeno do transe mediúnico lúcido, que é o que ocorre na atualidade da Umbanda.

A Umbanda existe para ser, na vida daqueles que a procuram, uma religião, ou seja, um instrumento de ajuda na sua religação com Deus. Ela não é um conjunto de rituais esdrúxulos e "entidades" incorporadas oferecendo falsos fenômenos e esperanças pueris, com ideias sem nenhuma credencial científico-religiosa que cumpra a sua função específica de libertar o homem e levá-lo à felicidade e ao equilíbrio pela harmonia interna e na vida. Neste indispensável e fundamental momento de consciência planetária pelo qual estamos passando, convidamos todos que são frequentadores e membros da corrente do Grupo de Umbanda Triângulo da Fraternidade a dedicarem maior atenção à chamada "mediunidade consciente", dentro da qual o intermediário é compelido a guardar suas verdadeiras noções de responsabilidade no dever a cumprir. Como ser instrumento de libertação dos que procuram o templo religioso em que laboramos na mediunidade se o trabalhador não cultiva o seu campo de meditação, educando a mente indisciplinada e enriquecendo seus próprios valores nos domínios do conhecimento, multiplicando as afinidades com a esfera superior, esforços em benefício de seus irmãos e de si mesmo?

Sobretudo, que ninguém se engane relativamente ao mecanismo da mediunidade, que não é mais inconsciente. Todo intérprete da espiritualidade, no decurso dos processos psíquicos, é obrigado a cooperar, fornecendo alguma coisa de si próprio, segundo as características que lhe são peculiares, porquanto, se existem faculdades semelhantes, não encontramos duas mediunidades absolutamente iguais, mesmo numa vivência ritual idêntica. Lembremo-nos de que não nos achamos empenhados em edificações exteriores, para os olhos do mundo, em que a forma deve sacrificar a essência, e sim na construção de uma vida melhor. Notadamente no círculo de nossas experiências iniciáticas no templo religioso de Umbanda, com o objetivo de conduzir-nos agora à felicidade e à plenitude no mundo profano e no futuro, quando retornarmos para o outro lado da vida, que cada frequentador e membro ativo da corrente do Grupo de Umbanda Triângulo da Fraternidade guarde a consciência, a responsabilidade e o espírito de serviço necessários para valorizar e multiplicar Jesus e os Orixás. Não nos esqueçamos de que é através dos canais mediúnicos que o Divino Mestre está derramando a sua luz sobre toda a carne, independentemente de crenças individuais, mas que nós, médiuns, precisamos melhorar nossa recepção, enriquecendo nossas mentes e disciplinando nossas condutas internas, a fim de que sejamos, de fato, intérpretes fiéis da Divina Luz – Umbanda – e dos nossos abnegados mentores espirituais.

O chefe de terreiro tem o compromisso moral e ético de ser fiel à verdade que vivencia. Se não existem mais médiuns inconscientes, é porque não são mais necessários. Assim como quando chove, a água cai do alto para baixo, e não o contrário, a sineta bate do lado de lá para o lado de cá. São os tutores da Umbanda pertencentes à alta confraria que a orientam, que são os responsáveis pelo tipo de sensibilidade mediúnica preponderante nos médiuns que reencarnam, em conformidade com a consciência coletiva.

É fundamental desmistificarmos o que é "incorporação", pois é triste ver medianeiros despreparados omitindo sua consciência e dissimulando para os consulentes, dizendo que são inconscientes. Em verdade, não reencarnam mais médiuns totalmente inconscientes, e prepondera, no mediunismo umbandista dos dias atuais, a chamada "incorporação" pela irradiação intuitiva. O aparelho mediúnico sente as vibrações, percebe os seus guias, mas fica plenamente desperto e consciente do que se passa pela sua mente. Daí a importância do estudo, que dará a educação e o autoconhecimento necessários para que os sensitivos sejam bons receptores dos guias emissores do Plano Espiritual.

Um chefe de terreiro não deve nunca mistificar. Haverá momentos de extrema pressão, de conflitos, em que seria mais fácil "incorporar" o guia para ele resolver. Mesmo que isso ocorra pontualmente, se houver ocorrências de "urgência", é impossível o emocional do dirigente não interferir na comunicação. Se ele não tiver maturidade emocional, grande capacidade de lidar com frustração, resiliência e alteridade internalizadas, será impossível ter limpidez mediúnica, haja vista também ser médium de transe lúcido. Na maior parte do tempo de convivência no terreiro, o dirigente não estará mediunizado com a tradicional incorporação. Se tiver valência mediúnica – e precisará ter, pois, em contrário, não suportará o cargo sacerdotal –, sua percepção será sutil, clarividente e clariaudiente preponderantemente; os Guias Astrais "falarão" com ele na forma de pensamentos que entrarão no alto de sua cabeça e retumbarão no meio do seu crânio, quase como um autofalante radiofônico.

Então, para todos os médiuns do terreiro indistintamente, no momento das consultas espirituais, o templo umbandista estará repleto de espíritos trabalhadores e desencarnados que serão atendidos, e a comunicação com os guias individuais de cada um será consciente. O ponto central de todos os trabalhos realizados são os médiuns em estado superior de consciência, com a percepção psíquica alterada, junto com seus protetores, percebendo além dos limites físicos. Usinas vivas fornecedoras de ectoplasma, aglutinam-se em torno desses medianeiros os técnicos astrais que manipularão os fluidos necessários aos socorros programados. Dependendo das especificidades de cada consulente, movimentamos as energias afins por linha vibratória – Orixá – correspondente à necessidade do atendido. Ao mesmo tempo, cada guia atende em determinada função, havendo uma enorme movimentação de falanges e legiões, que se deslocam aonde for necessário, tanto no plano físico quanto nos estratos etéreo-astrais, para realizar as tarefas às quais estão destinadas e autorizadas.

Nada é feito sem comando hierárquico e ordens de serviço criteriosas, em conformidade com o merecimento e o livre-arbítrio de todos os envolvidos. A instância superior que dita e detalha a amplitude do que será feito tem recursos de análise criteriosos, que tornam impossível haver equívocos ou erros, mesmo quando há penetração na corrente mediúnica por invigilância dos próprios médiuns.

Disse Jesus: "Quem não renuncia a si mesmo, toma a sua cruz e me segue, não pode ser meu discípulo". Infelizmente, nem todos os médiuns chegam ao templo umbandista imbuídos do ideal de doação, esquecendo-se de suas mazelas, ressentimentos e pequenas lamúrias do dia a dia. Em vez de nos preocuparmos em parecer "inconscientes" para os outros verem, o mais importante para os amigos benfeitores é que esqueçamos e elevemos os pensamentos ao

Pai, entregando-nos com amor às tarefas mediúnicas. Se todos conseguissem isso por algumas horas, uma vez por semana, facilitariam enormemente os labores espirituais e minimizariam os melindres e a corrosão da vaidade dissimulada.

Enfim, o transe de terreiro ou manifestação mediúnica na Umbanda pode causar conflito e receio em muitos iniciantes. Um dos maiores medos para o médium deseducado é a própria catarse da incorporação, pelo fato de o indivíduo não querer perder o controle de si mesmo, aliada à demonização das religiões mediúnicas existente no subconsciente coletivo, pois, na sua cabeça ou imaginação, significa que a manifestação é uma coisa "ruim", até do "demônio", acompanhada de uma espécie de apagão – anestesia geral –, bloqueando seus sentidos (audição, visão, tato, olfato e paladar). No entanto, não mais ocorre a perda total da consciência, e, justamente, são esses sentidos alterados - quando devidamente educados -, mas conscientes, que os espíritos utilizam para o perfeito transe ou manifestação, objetivando o aconselhamento espiritual. O medo ativa o psiquismo negativamente, interferindo na integração mediúnica com a entidade. A manifestação é uma questão de sensibilidade pre-existente à reencarnação e que exige sintonia e entrega do médium, podendo ter variações de uma pessoa para outra.

O ambiente do terreiro, ritualizado com método e disciplina, pode oferecer a segurança necessária com o devido tempo de prática. Para melhor compreensão das diversas variações da manifestação, vamos comparar o transe a uma tomada de energia. Os médiuns são "iguais" a vários aparelhos eletrodomésticos. Se pegarmos uma geladeira e a ligarmos na tomada, ela vai refrigerar, mas, se ligarmos um ferro elétrico, ele vai esquentar; um ventilador vai girar e fazer vento; e assim sucessivamente.

Conclusão: o método ritual disciplinador é o mesmo para todos, mas a ligação é particular para cada pessoa, que são consciências milenares e diferentes entre si, cada uma dando o que possui no seu inconsciente ancestral. Cada indivíduo emana a essência de sua ancestralidade espiritual; em caso de qualquer dúvida ou conflito, procure ajuda de dirigentes sérios, pessoas com experiência prática na mediunidade de terreiro e que sejam "abertas" ao estudo. Todos os iniciantes precisam de orientação para compreensão adequada do transe ou manifestação mediúnica no seu início, bem como todos nós, por toda a vida, pois nunca estaremos "prontos", uma vez que somos eternos aprendizes. Uma boa forma de receber o médium que entra no terreiro é ter com ele um diálogo franco, desmistificando a mediunidade inconsciente, que não mais existe na atualidade.

Mediunidade ativa e iniciação na corrente astral de Umbanda

Nem todos aqueles que frequentam uma comunidade de terreiro na Umbanda estão ali para fazer parte do grupo de médiuns trabalhadores. A Umbanda é frequentada por uma ampla diversidade de consciências, composta por diferentes indivíduos, com propósitos, ideais e objetivos. O mais importante é o acolhimento fraternal; abraçar, valorizar, considerar, respeitar e tratar a todos igualmente, de forma incondicional, sem discriminar a procedência; se é visitante, consulente, adepto, assistente, simpatizante.

Contudo, é preciso compreender que, para ser um médium de Umbanda aceito e iniciado numa corrente, numa egrégora, numa comunidade religiosa como trabalhador ativo, além de frequentar a assistência durante o tempo adequado para ser reconhecido pela Cúpula Espiritual do terreiro, são necessários inúmeros atributos morais, intelectuais, procedimentais e vocacionais, além, obviamente, de mediunidade ativa de fato, no caso de médiuns que trabalharão no aconselhamento espiritual durante as sessões práticas de caridade. Infelizmente, hoje, verificamos muitas "iniciações" *fast food*, verdadeiros placebos, sem efeito algum. Temos até iniciações à distância feitas de forma *on-line* em alguns cursos pela internet. A simples "iniciação" de um indivíduo desprovido desses atributos básicos e essenciais e ainda sem mediunidade não o habilita como um "iniciado" legítimo, com direito a pertencimento na Corrente Astral de Umbanda. Cabe ao sacerdote, dirigente, zelador, diretor de rito ou chefe de terreiro escolher com muito critério aqueles que são realmente dignos de aceitação e posterior iniciação, preponderando os atributos básicos e essenciais, além da mediunidade ativa direcionada para as lides de terreiro, que é "impressa" no Corpo Astral antes da reencarnação do sujeito, o que obviamente nenhuma iniciação ativará se essa sensibilização não for preexistente.

Reflitamos sobre o que seria importante neste momento tão sagrado para nós da Umbanda.

O que eu poderia dizer ou escrever que pudesse ser aproveitado por todos os que estão com os pés no chão em um terreiro, para a comunidade umbandista – tantos que estão vestindo o branco como médiuns? Pensando nos anos que já passei como zelador desde a fundação da "choupaninha" de madeira e nas centenas de engiras de caridade que já realizamos, concluo que o grande obstáculo que paralisa muitos médiuns é a jactância – aquele sentimento velado de superioridade que vai se instalando de tanto escutar as queixas dos consulentes, que anda de mãos dadas com o orgulho e a vaidade, estabelecendo altivez e senso de superioridade irreal, certo enfado e ar de tédio. Obviamente, já observei tal situação em espíritas, espiritualistas, pastores, padres, bispos, teosofistas, budistas, maçons, rosa-crucianos, apômetras etc., então entendo esse estado psíquico como inerente ao ser humano.

Mas como se instala a jactância no médium umbandista?

O médium, sendo consciente - o que é o estado natural da mediunidade na atualidade -, pode cair num automatismo comodista e, inevitavelmente, nas suas reflexões, examinar as consciências alheias, identificando os erros do próximo, muitas vezes opinando em questões que não lhe dizem respeito, indicando as fraquezas dos semelhantes, educando os filhos dos vizinhos, reprovando as deficiências dos companheiros, corrigindo os defeitos dos outros, aconselhando o caminho reto a quem passa, receitando paciência a quem sofre, e seguir resoluto retificando os defeitos de quem o procura no centro umbandista, como se ele fosse só perfeição.

Contudo, enquanto o medianeiro se distrai orientando, distancia-se de si mesmo e, como aprendiz que foge à verdade e à lição, agrava a situação, enfatuando-se e sentindo-se superior aos consulentes, sempre incansáveis em seus pedidos de ajuda, reclamações e tristezas.

Enquanto o médium se ausentar do estudo das suas próprias necessidades e fragilidades, que fundamentam o indispensável processo de autoconhecimento, esquecendo a aplicação dos princípios superiores que deve abraçar na fé viva da qual é mero instrumento, cheio de defeitos e imperfeições e tão frágil e carente quanto aqueles que o procuram, será simples cego do mundo interior, relegado à treva da ilusão. Nada estará realizando, pois se locupleta consigo mesmo e se basta, achando que está fazendo uma grande obra, um palácio de realizações com o passar dos anos. Muitos até se gabam do tempo de mediunidade e menosprezam os mais novos.

Claro que a experiência acumulada ao longo dos anos dá sabedoria ao medianeiro, mas ele não deve sentir-se melhor do que quem quer que seja, pois não sabemos o passado e a idade sideral de cada um de nós. Ou você sabe qual a idade do seu espírito?

Despertemos e vigiemos sempre.

Mantenhamos nossas energias mais profundas, para que ensinamentos, instruções e consolos que passamos aos consulentes na forma de orientações recebidas de nossos guias espirituais não sejam para nós, médiuns, uma bênção que passa, como são a dádiva e a misericórdia divina da mediunidade que nos foi concedida em proveito da nossa própria retificação pelo auxílio incondicional aos irmãos de caminhada que nos procuram, pois o infortúnio maior de um médium e da sua combalida alma eterna é aquele que o infelicita quando a graça do Alto passa por ele em vão em toda uma encarnação!

Nenhuma valia tem um rito, seus elementos e liturgias se o médium internamente não tem a condição necessária para recebê-los satisfatoriamente. A aplicação ritualística externa é feita pelo sacerdote e seus assistentes, mas a ligação espiritual interna é de cada médium. Se assim não acontecer, será um mero placebo ritual, inócuo e sem efeitos positivos.

É tarefa primeira de um zelador espiritual vigiar e "correr engira" para que a jactância mediúnica não se instale nele ou em sua corrente. Essa é a maior iniciação que a genuína corrente astral de Umbanda exige.

Conheça outras obras de Norberto Peixoto

INICIANDO NA UMBANDA
A psicologia dos Orixás e dos Cristais
16x23 / 144 págs. / R$ 40,00 / ISBN: 978-85-5527-046-8

CARTILHA DO MÉDIUM UMBANDISTA
16x23 / 168 págs. / R$ 45,00 / ISBN: 978-85-5527-049-9

OS ORIXÁS E OS CICLOS DA VIDA
16x23 / 184 págs. / ISBN: 978-85-5527-037-6

EXU
O poder organizador do caos
16x23 / 168 págs. / ISBN: 978-85-5527-023-9

Acesse www.besourobox.com.br e adquira já seu exemplar

REZA FORTE
A Umbanda com Jesus
16x23 / 168 págs. / ISBN: 978-85-5527-054-3

ENCANTOS DE UMBANDA
Os fundamentos básicos do esoterismo Umbandista
16x23cm | 168 págs. | ISBN: 978-85-5527-027-7

O MAGNETISMO NA CASA UMBANDISTA
A Saúde integral do ser
16x23 / 176 págs. / ISBN: 978-85-5527-062-8

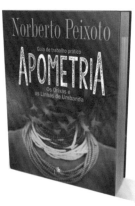

APOMETRIA
Os Orixás e as Linhas de Umbanda
16x23 / 168 págs. / ISBN: 978-85-5527-022-2

Acesse www.besourobox.com.br e adquira já seu exemplar